Duden

Brüggemann

Einfach klasse in Deutsch

Rechtschreibung

Wissen • Üben • Testen

5./6. Klasse

Dudenverlag
Mannheim • Leipzig • Wien • Zürich

Die Rechtschreibung in diesem Buch folgt im Falle von Schreibvarianten den Empfehlungen von Duden – Die deutsche Rechtschreibung (25. Auflage). Zu den Übungen sind Schreibvarianten in den Lösungen mitangegeben.

Beratungsangebot für Eltern und Lehrer (kostenpflichtig):
Die **Duden-Sprachberatung** beantwortet Fragen zu Rechtschreibung, Grammatik, Zeichensetzung u. Ä.
montags bis freitags zwischen 08:00 und 18:00 Uhr.
Aus Deutschland: **09001 870098** (1,86 € pro Minute aus dem Festnetz)
Aus Österreich: **0900 844144** (1,80 € pro Minute aus dem Festnetz)
Aus der Schweiz: **0900 383360** (3,13 CHF pro Minute aus dem Festnetz)
Die Tarife für Anrufe aus den Mobilfunknetzen können davon abweichen.

Unter **www.duden-suche.de** können mit einem Online-Abo ausgewählte Dudenwerke per Internet genutzt werden.

Bibliografische Information der Deutschen Nationalbibliothek
Die Deutsche Nationalbibliothek verzeichnet diese Publikation in der Deutschen Nationalbibliografie; detaillierte bibliografische Daten sind im Internet über http://dnb.ddb.de abrufbar.

 D C B A

Redaktionelle Leitung Dr. Sylvia Schmitt-Ackermann
Redaktion Dr. Anja Steinhauer
Autorin Birgit Kölmel

Herstellung Andreas Preising
Layout Horst Bachmann
Illustration Carmen Strzelecki
Umschlaggestaltung WohlgemuthPartners, Bremen
Umschlagabbildung Corbis Images, James Lauritz

Satz Bibliographisches Institut AG
Druck und Bindung Offizin Andersen Nexö Leipzig GmbH
Printed in Germany

ISBN 978-3-411-74361-2

Inhaltsverzeichnis

INHALT

INHALT

1 Die Groß- und Kleinschreibung

1.1 Grundsätze der Großschreibung

Das **erste Wort** eines Satzes schreibt man groß.	**D**as Autorennen war sehr spannend.
Das erste Wort eines vollständigen Satzes nach einem **Doppelpunkt** wird ebenfalls großgeschrieben.	Du wirst es nicht glauben: **W**ir haben tatsächlich gewonnen!
Ebenso wird das erste Wort einer **direkten Rede** großgeschrieben.	Er sagte: „**S**o, das haben wir geschafft!“
Das erste Wort einer **Überschrift** oder eines **Titels** schreibt man groß.	**M**ein Traumhaus Das Buch „**I**n 80 Tagen um die Welt“ ist toll.
Substantive schreibt man groß. Daran kann man Substantive erkennen:	
■ Sie haben einen bestimmten oder einen unbestimmten Artikel bei sich oder ein bestimmter oder unbestimmter Artikel kann vorangestellt werden.	der **B**aum – die **T**afel – das **H**aus ein **B**aum – eine **T**afel – ein **H**aus
■ Wörter, die auf die Nachsilben *-ung, -heit, -keit, -nis, -schaft, -ling, -tum* oder *-sal* enden, sind Substantive.	die **H**eilung – die **D**ummheit – die **H**eiterkeit – das **G**efängnis – die **H**errschaft – der **W**inzling – der **R**eichtum – die **T**rübsal
Eigennamen und **feste Begriffe** werden großgeschrieben. Hierzu zählen z. B.	**M**arie, Herr **W**alter, der **S**chiefe Turm von Pisa
■ Titel-, Ehren- und Amtsbezeichnungen,	der **E**rste **V**orsitzende – der **H**eilige **V**ater
■ geografische Namen,	der **P**azifische **O**zean – das **T**ote **M**eer
■ historische Namen und Ereignisse,	der **A**lte **F**ritz – der **E**rste **W**eltkrieg
■ besondere Kalendertage,	der **W**eiße **S**onntag
■ Institutionen und Einrichtungen,	das **S**tatistische **B**undesamt
■ Bezeichnungen von Arten und Rassen in der Biologie.	die **S**chwarze **W**itwe – die **W**eiße **S**eerose
Wörter, die von geografischen Namen abgeleitet werden und auf *-er* enden, schreibt man ebenfalls groß.	das **U**lmer Münster – der **S**chwarzwälder Schinken

ÜBUNG 1 **Verschiedene Eigennamen und feste Begriffe wurden in Spiegelschrift und dazu noch kleingeschrieben. Entziffere sie und schreibe sie mit ihrem Artikel richtig auf.**

1. ettolf eßiew
2. attigirb egilieh
3. naezo ellits
4. dneba egilieh
5. geirktlew etiewz
6. rotkerid ehcsinhcet
7. tnematset euen
8. tenalp eualb
9. agilsednub etsre
10. geirk etlak

ÜBUNG 2 **Bilde aus den Verben und Adjektiven Substantive, indem du eine passende Nachsilbe verwendest. Schreibe die Substantive mit Artikel auf.**

1. bewegen: die Bewegung
2. bedürfen:
3. erben:
4. klug:
5. finster:
6. tapfer:
7. zeichnen:
8. sachlich:
9. rinnen:
10. geheim:

ÜBUNG 3 **Welche Wörter aus Übung 2 passen in die Sätze? Setze sie ein.**

1. Mach mal Licht an. In dieser ________ kann man nichts sehen.
2. Werde bitte nicht persönlich. Hier ist ________ gefragt!
3. Du darfst es nicht weitersagen, es ist unser ________.
4. Ritter waren bekannt für ihre ________ und ________.
5. Es ist mir ein ________, Ihnen etwas zu schenken.

ÜBEN

ÜBUNG 4 Finde in dem Gitterrätsel senkrecht, waagrecht und diagonal 9 Substantive und umkreise sie.

B	H	M	V	D	K	D	E	K
Z	A	I	C	L	I	N	B	L
I	U	L	Ä	Ö	R	P	E	K
M	S	C	H	Ü	S	S	E	L
M	B	H	G	G	C	X	R	P
E	P	L	G	Y	H	M	E	W
R	H	R	O	H	E	V	N	D
Q	U	U	K	C	N	A	N	L
B	W	E	I	N	K	U	W	W

WISSEN

Zusammengesetzte Substantive
Auch zusammengesetzte Substantive (Substantiv + Substantiv, Verb + Substantiv, Adjektiv + Substantiv) werden großgeschrieben.
Der Artikel richtet sich dann nach dem zweiten Wortteil, dem Grundwort.

das Feuer + die Treppe = die Feuertreppe
lesen + die Lampe = die Leselampe
schreiben + das Gerät = das Schreibgerät
schwarz + das Brot = das Schwarzbrot
weiß + die Wurst = die Weißwurst

ÜBUNG 5 Bilde mit den Verben und Adjektiven aus dem Wortspeicher und den passenden Wörtern aus Übung 4 jeweils ein zusammengesetztes Substantiv und schreibe dieses mit Artikel auf.

baden – blau – hoch – hüpfen – malen – rot – ~~rühren~~ – sauer – süß

die Rührschüssel,

ÜBUNG 6 **Kennst du dich aus? Gesucht sind geografische Bezeichnungen auf *-er* (leckere Speisen). Wenn du alles richtig hast, dann erhältst du eine Spezialität aus Rheinland-Pfalz. Es gilt: gleiche Zahl = gleicher Buchstabe**

1\.
1 2 3 4 5 6 7 8 9 3   8 10 11 5 12

Süßes Produkt aus einem asiatischen/europäischen Land

2\.
6 7 8 13 14 3 15 13 16 17 18 9 3   4 5 3 6 7 8 1 10 3 1 9

Sahnetorte

3\.
11 2 3 11 19 9 3 12 9 3   17 9 19 4 20 7 8 9 11

Gibt es zur Weihnachtszeit

4\.
8 14 21 19 20 3 12 9 3   14 14 17 6 20 22 22 9

Fischsuppe aus Norddeutschland

5\.
13 5 9 11 9 3   6 7 8 11 5 1 15 9 17

Dünnes, paniertes und gebackenes Fleischstück

6\.
4 23 11 5 12 6 19 9 3 12 9 3   4 17 10 22 6 9

Spezialität aus Fleischbällchen in weißer Soße und Kapern

Lösung:

F

22 16 17 15 9 3   6 14 20 21 14 12 9 11

ÜBUNG 7 **Schreibe die Lösungswörter aus Übung 6 nochmals in der richtigen Schreibweise mit Artikel auf die Linie.**

1. der türkische Honig
2.
3.
4.
5.
6.

ÜBEN

1.2 Substantivierung und Anrede

Substantivierungen

Wörter anderer Wortarten, die als Substantive gebraucht werden (Substantivierung), schreibt man groß.	rennen → Das **R**ennen macht mir Spaß. blau → Besonders gut gefällt mir das **B**lau in deinen Augen.
Wenn **Verben** als Substantive gebraucht werden, haben sie oft einen Artikel bei sich. Dieser ist manchmal mit einer Präposition verschmolzen.	Das **K**onzentrieren fällt mir schwer. Das **A**usschlafen mag ich am liebsten. Beim **S**chreiben fällt mir nicht immer etwas ein.
Stehen **Adjektive** nach unbestimmten Mengenangaben *(etwas, alles, genug, nichts, allerlei, viel, wenig)*, dann werden sie zu Substantiven und daher großgeschrieben.	Es gibt so allerlei **N**eues. Sicherlich wird viel **S**chönes dabei sein. Etwas **B**esseres als den Tod findest du überall.
Partizipien können ebenfalls als Substantive gebraucht werden. Dann muss man sie entsprechend großschreiben.	Der **W**issende ist im Vorteil. Das **G**elesene konnte sie gut verarbeiten.
Das Gleiche gilt für: ■ **Pronomen** (Fürwörter), ■ **Konjunktionen** (Bindewörter), ■ **Präpositionen** (Verhältniswörter) und ■ **Interjektionen** (Ausrufewörter).	Ist das Baby ein **E**r oder eine **S**ie? Du machst das jetzt ohne **W**enn und **A**ber. Man muss das **F**ür und **W**ider abwägen. Das gab ein großes **A**ch und **W**eh.
Paarformeln zur Bezeichnung von Personen sind ebenfalls substantiviert.	In diese Schule geht **A**rm und **R**eich. **G**roß und **K**lein war auf dem Fest.

Höflichkeitsanrede

Die **Anredepronomen** beim Siezen, z. B. ***Sie*** und ***Ihr***, werden großgeschrieben. Die reflexiven Pronomen ***sich, mich*** usw. schreibt man jedoch klein.	„Würden **S**ie bitte **I**hren Stuhl von meinem Kleid nehmen?" „Oh, **S**ie haben **s**ich bekleckert!"
Kleingeschrieben werden auch die vertraulichen Anreden ***du*** und ***ihr*** sowie die Pronomen ***dein, deiner, deine, euer*** usw.	„Hast **d**u mich nicht gesehen?" „Habt **i**hr alles gefunden?"
Ausnahme: In Briefen sollte man die vertraulichen Anreden großschreiben, die Kleinschreibung ist aber auch korrekt.	Lieber Thomas, wie geht es **D**ir / **d**ir?

ÜBUNG 8 **Fülle die Anredepronomen in dem Brief aus. Verwende hierbei beide möglichen Schreibvarianten.**

Liebe Oma,

wie geht es ______ ? Ich hoffe doch, es geht ______ hervorragend!

Heute habe ich endlich einmal Zeit, ______ und Opa einen Brief zu schreiben.

Was habt ______ ______ für den Sommer vorgenommen?

Deshalb schreibe ich ______ nämlich auch: Ich würde gerne ein paar

Tage bei ______ Urlaub machen. ______ wisst doch, wie gerne

ich bei ______ bin. Hättet ______ Zeit? Darf ich kommen?

Ich würde mich sehr freuen!

Viele Grüße, ______ Babsi

ÜBUNG 9 **Setze die passenden Anredepronomen richtig in die Sätze ein.**

1. „Guten Tag, Frau Zwitschermann! Wie geht es ______ Hund?"
2. „Filip, gib mir doch bitte ______ Deutschbuch!"
3. „Würden ______ mich bitte vorbeilassen?"
4. „Herr Weinmann, haben ______ heute Kirschen in ______ reichhaltigen Angebot?"
5. „Henrik und Tina, ich würde heute Nachmittag gerne zu ______ kommen. Hättet ______ Zeit und Lust?"

ÜBUNG 10 **Finde zu den Adjektiven im Wortspeicher jeweils ein geeignetes Substantiv. Schreibe beides zusammen mit dem Artikel auf die Schreiblinie.**

~~fleißig~~ – gebrechlich – kostspielig – mühsam – schimmlig

der fleißige Schüler,

ÜBUNG 11 **Substantiviere nun die Adjektive aus Übung 10 und bilde jeweils einen Satz. Schreibe in dein Heft.**

Beispiel: Der Fleißige lernt mehrere Stunden am Nachmittag.

WISSEN +

Substantiv oder Adjektiv?
Wenn du einen Satz schreiben sollst, in dem ein Adjektiv auf einen Artikel folgt, dann überlege:

- Bezieht sich der Artikel auf das Adjektiv? Dann wird es sich um ein substantiviertes Adjektiv handeln und du musst es großschreiben.
  Der **Schöne** lehnt an der Laterne. (substantiviertes Adjektiv)
- Bezieht sich der Artikel auf ein Substantiv, das vorher oder danach genannt wird? Dann steht das Adjektiv als Eigenschaftswort im Satz und du musst es kleinschreiben.
  Der **schöne Mann** lehnt an der Laterne. (Artikel bezieht sich auf das Substantiv)
  Der hässliche **Mann** steht im Dunkeln, der **schöne** lehnt an der Laterne.

ÜBUNG 12 **Groß oder klein? Kreise das richtige Wort ein.**

1. Die blauen / Blauen Schuhe kosten genauso viel wie die roten / Roten.
2. Ich hoffe, die blauen / Blauen gewinnen heute!
3. Ich finde das alte / Alte schöner als das neue / Neue Kleid.
4. Alles alte / Alte muss raus!
5. Manchmal sind die kleinen / Kleinen Hunde bissiger als die großen / Großen.

ÜBUNG 13 **Substantiviere jeweils das Verb und forme die Sätze entsprechend um.**

1. Ich darf im Unterricht nicht dazwischenrufen.
   Das ______________________ ist verboten.
2. Wir dürfen beim Pausenverkauf nicht drängeln.
   Das ______________________ ist nicht erlaubt.
3. Die Turnhalle darf nicht ohne Lehrer betreten werden.
   Das ______________________ ist nicht gestattet.

ÜBEN

ÜBUNG 14 **Groß oder klein? Markiere zuerst den Artikel (wenn vorhanden) und kreise das richtige Wort ein.**

1. Während des arbeitens / Arbeitens sollte man sich nicht ablenken / Ablenken lassen.
2. Ich bin hier, um euch zu helfen / Helfen.
3. Vor dem schwimmen / Schwimmen soll man nichts essen / Essen.
4. Zum lernen / Lernen hat es mir leider nicht mehr gereicht!
5. Ich hatte keine Zeit mehr zu lernen / Lernen.
6. Nach dem säubern / Säubern des Teichs werden wir noch den Rasen mähen / Mähen. Du kannst uns gerne helfen / Helfen!
7. Am schnellsten vergeht / Vergeht die Zeit, wenn ich am lesen / Lesen bin.
8. Am Wochenende werden wir wandern / Wandern.
9. Kommst du mit zum wandern / Wandern?
10. Indem wir trommeln / Trommeln, trainieren / Trainieren wir unsere beiden Gehirnhälften.

ÜBUNG 15 **Markiere jeweils die Mengenangabe im Satz. Setze dann das Adjektiv in der Klammer in substantivierter Form in den Satz ein.**

1. Ich werde uns etwas _____ kochen. (gut)
2. Alles _____ ist aus meinem Leben verschwunden. (schön)
3. Leider habe ich nichts _____ zu berichten. (neu)
4. Heute habe ich bereits zu viel _____ gehört. (unwahr)
5. Dieses Geschäft ist nichts für mich. Hier gibt es wenig _____. (günstig)
6. Als Kriegsreporter habe ich bereits genügend _____ auf der Welt gesehen. (furchtbar)
7. Das Kleid ist mir zu bunt. Ich würde mir gerne etwas _____ kaufen. (weiß) – Du hast doch schon allerlei _____ im Schrank. (einfarbig) – Nimm doch einmal etwas _____! (bunt)

1.3 Zahlen und Zeitangaben

Grundzahlen unter einer Million werden kleingeschrieben.

Etwa **d**reißig Schüler waren anwesend.
Sie kommen morgen so gegen **s**echs.

Grundzahlen, die man als Substantive gebraucht, schreibt man groß.

Im Zeugnis bekam ich eine **E**ins.
Sie hat eine **V**ier gewürfelt.

Substantivierte Bruch- und Ordnungszahlen schreibt man groß.

Es kommen zwei **V**iertel Liter Milch in den Teig. Er lief als **D**ritter durchs Ziel.

Unbestimmte Zahladjektive werden in der Regel großgeschrieben, wenn sie substantiviert sind.

Du bist die **E**inzige, der ich vertraue.
Ich kann dazu alles **M**ögliche erzählen.

Die folgenden vier Zahladjektive werden in der Regel kleingeschrieben:

- *viel,*
- *wenig,*
- *ein,*
- *andere.*

Für **v**iele war es der erste Sieg.
Nur **w**enige nehmen an der Fahrt teil.
Die **e**inen beklagten sich, die **a**nderen machten mit. Unter **a**nderem kommen ...

Ebenfalls kleingeschrieben werden:

- *manche,*
- *jede,*
- *beide,*
- *einige.*

Den Lehrer mochten **m**anche gern.
Das kann ja **j**eder sagen.
Die **b**eiden kamen doch zum Treffen.
Da werden sich **e**inige wundern.

Die Wörter *hundert, tausend* oder *Dutzend* können groß- oder kleingeschrieben werden, wenn sie eine unbestimmte Menge bezeichnen.

Es waren **H**underte / **h**underte von Menschen da.
Sie hatten **D**utzende / **d**utzende von Fragen.

Tageszeiten können als Substantive auftreten und werden dann großgeschrieben. Oft erkennt man sie am Artikel oder einem Pronomen.

Der **N**achmittag wird sicher interessant werden.
Am **A**bend mache ich einen Spaziergang.

Wenn die Tageszeiten im Genitiv stehen, hängt man ihnen ein *-s* an.

Eines Tage**s** werden wir ein Haus kaufen.
Sie geht des Morgen**s** gerne zum Bäcker.

Tageszeiten, die nach Adverbien wie *gestern, heute, morgen* stehen, werden als Substantive angesehen und damit großgeschrieben.

gestern **A**bend
heute **N**achmittag
Aber: morgen **f**rüh / **F**rüh

Tageszeiten, die als Adverbien benutzt werden, schreibt man klein.
Achtung: Diese Adverbien dürfen nicht mit den Tageszeiten im Genitiv verwechselt werden.

Wir stehen **m**orgens immer früh auf.
Er war **g**estern im Zirkus.

ÜBUNG 16 **Groß oder klein? Kreise das richtige Wort ein.**

1. Bei dem Fest waren manche / Manche bunt angezogen.
2. Ich war der einzige / Einzige, der alles verstanden hatte.
3. Von tausenden / Tausenden würden zwei / Zwei drittel / Drittel den Vorstand wieder wählen.
4. sechs / Sechs achtel / Achtel Liter Wasser sind ebenso viel wie drei / Drei viertel / Viertel Liter.
5. Im Diktat bekam sie eine eins / Eins.
6. Meine Schwester kommt gegen fünf / Fünf mit dem Zug an.
7. Leider können nur wenige / Wenige mitkommen.
8. Alle anderen / Anderen bleiben zu Hause.
9. Für viele / Viele war es ein großer Schock.
10. Wir werden beide / Beide sehr traurig sein.
11. Jetzt hat er schon wieder eine sechs / Sechs gewürfelt.
12. Im Sportunterricht bin ich beim Laufen erste / Erste geworden.

ÜBUNG 17 **Setze die Anfangsbuchstaben richtig ein.**

Ich werde __ orgens um 6:30 Uhr wach. Das liegt an meinem Bruder, der sich jeden __ orgen mit lauter Musik, die dann im ganzen Haus zu hören ist, wecken lässt. Ein paar Minuten später stehe ich auf.

Jeden __ ontag fährt meine Mutter mich zur Schule. __ ienstags und __ ittwochs fahre ich mit der Straßenbahn. An den anderen Tagen kann ich mit meinem Vater fahren. Zurück fahre ich __ ittags mit dem Bus.

Heute __ ittag hat mich jedoch mein Vater abgeholt, weil er eher frei hatte. Nachdem ich die Hausaufgaben gemacht habe, gehe ich zum Rudern.

Manchmal kommt es vor, dass ich __ achmittags keine Lust auf Hausaufgaben habe, dann mache ich sie erst __ bends.

ÜBUNG 18 **Setze die passenden Zeitangaben aus dem Wortspeicher ein. Achte auf die richtige Schreibweise.**

ABENDS – DER ABEND – EINES TAGES – HEUTE ABEND

1. ______ gehen Timo und ich ins Kino.
2. Wir gehen ______ öfter miteinander aus.
3. „______ werdet ihr noch heiraten“, meint meine Mutter immer.
4. ______ wird sicher wieder schön werden.

ÜBUNG 19 **Schreibe den Text in der richtigen Schreibweise in dein Heft.** ACHTUNG FEHLER

unser neues haustier
gestern haben wir ein neues haustier bekommen: einen papagei. meine schwester und ich haben uns schon lange ein tier gewünscht. aber unsere eltern sagten immer: „ihr seid noch zu jung für ein haustier. ihr könnt ja noch nicht einmal euch selbst versorgen!“ doch nun ist es endlich so weit: anscheinend sind wir alt genug, um uns um uns selbst und um ein tier zu kümmern.
gestern abend sind wir in die tierhandlung gefahren und haben unseren papagei unter dutzenden ausgesucht. ich wusste überhaupt nicht, dass es so viele verschiedene papageien gibt. doch unserer war einer der wenigen, die lebhaft in dem großen käfig herumgeflogen sind, sodass wir ihn sofort ins herz geschlossen haben. wir haben ihn mit nach hause genommen und ihn sofort getauft: er heißt alfred. mein vater meint, alfred sei kein name für ein tier, aber ich finde: „alfred“ ist spitzenklasse.

ÜBUNG 20 **Wiederhole nochmals die Regel für die Zahladjektive, ohne zuvor im Wissensteil nachgesehen zu haben.**

1. Wenn unbestimmte Zahladjektive substantiviert sind, dann werden sie in der Regel ______ geschrieben.
2. Folgende Zahladjektive werden in der Regel kleingeschrieben:

______

______

ÜBEN

Thementests

Lass dir die Texte diktieren und verbessere anschließend deine Fehler. Du kannst auch Eigendiktate durchführen.

■ Der erste Tag |

Der erste Tag in der neuen Schule steht an! |

Jana ist schon den ganzen Morgen aufgeregt: | Hoffentlich wird sie | nette Lehrer bekommen. | Außerdem wünscht sie sich Mitschüler, | mit denen sie sich versteht. | Vielleicht ist auch | eine neue Freundin für sie dabei? |

Vor dem Unterricht hat sie keine Angst: | Sie weiß, dass sie eine gute Schülerin ist. | Im Lesen und im Schreiben | war sie immer sehr gut. | Auch das Rechnen | fällt ihr nicht schwer. | Nur die naturwissenschaftlichen Fächer | wie Biologie und Chemie | machen ihr nicht so viel Spaß. | Dafür hat sie eine große Freude an Musik | und am Zeichnen. | Am liebsten malt sie mit Wasserfarben. | In ihrer alten Schule | durften sie eines Tages auch Ölfarben ausprobieren. | Das Malen mit Ölfarben | machte ihr großen Spaß! | Eines von Janas Bildern | hängt sogar in ihrer alten Schule im Lehrerzimmer. | Jana nimmt ihre Schultasche | und rennt die Treppe hinunter. | Sie freut sich auf die neue Schule.

(154 Wörter)

■ Liebe Familie Gutmensch, |

anbei schicke ich Ihnen | das Geld zurück, | das Sie meiner Mutter und mir geliehen haben. | Ich möchte die Gelegenheit ergreifen, | Ihnen nochmals herzlich | für Ihre spontane Hilfsbereitschaft zu danken. |

Nachdem Sie uns an der Theaterkasse | netterweise mit 50 Euro aushalfen, | betrat ich mittags mit meiner Mutter | das Gelände der Freilichtbühne. | Wir hatten noch eine Stunde Zeit, | bis die Vorstellung begann, | und ich suchte einen schattigen Sitzplatz | für meine alte Mutter. | Da stand ein Herr auf und bot uns seinen Stuhl an. | Als das Theater begann, | versprach der nette Herr, | uns den Sitzplatz auch für die Pause | zu reservieren. |

Und tatsächlich: | In der Pause am Nachmittag war der Platz | für uns reserviert | und der Herr hatte zudem noch | Getränke besorgt, | damit wir uns nicht anstellen müssen. Ich bin überglücklich, | die Erfahrung gemacht zu haben, | dass es auch in der heutigen Zeit | noch so hilfsbereite Menschen gibt. |

Um meine Dankbarkeit auszudrücken, | schicke ich Ihnen eine Flasche Sekt | und einen Strauß Blumen mit. |

Mit herzlichen Grüßen | Ewald Erstaunlich

(168 Wörter)

Eine warme Mahlzeit |

„Kind, du musst doch jeden Tag | mindestens eine warme Mahlzeit zu dir nehmen“, | sagt die Oma vorwurfsvoll. | Mark sieht erstaunt von seinem Schokoriegel auf. | „Warum?“, fragt er zurück. | „Weil etwas Warmes | viel besser für deinen Magen ist. | Eine warme Mahlzeit wärmt von innen | und macht dich viel satter als das kalte Zeugs, | das du ständig verschlingst. | Und dazu noch diese Zuckerbomben: | Schokoriegel und Zitronenlimonade!“ | Die Oma ist fassungslos. |

Mark will sie beruhigen: | „Heute Mittag habe ich mir | eine Weißwurst zum Essen gekauft!“ | Jetzt fällt die Oma | völlig aus allen Wolken. | „Eine Weißwurst“, sagt sie, | „das ist doch nun wirklich | keine richtige warme Mahlzeit!“ |

Nun reicht es ihrem Enkel: | „Wichtig ist, dass man dem Körper | die richtigen Nährstoffe zuführt. | Das Erhitzen von Lebensmitteln schadet sogar, | weil das Kochen | die Vitamine im Gemüse zerstört. | Eigentlich kochen wir unser Essen nur, | weil viele Lebensmittel im rohen Zustand | überhaupt nicht essbar sind.“ |

„Nun gut“, | gibt sich die Oma geschlagen. | „Aber ich hatte recht*: | Man soll gesund essen. | Und Schokoriegel mit Zitronenlimonade | sind nun wirklich nichts Gesundes!“

* *auch:* Recht

(175 Wörter)

2

Die Dehnung und die Schärfung

2.1 Lange Vokale mit Dehnungszeichen

Lang ausgesprochene Vokale **(Dehnung)** werden beim Schreiben unterschiedlich kenntlich gemacht. Häufig zeigt ein **Dehnungszeichen** an, dass der vor ihm stehende Vokal lang gesprochen wird.	B**ee**t – M**oo**r Sch**uh** – f**eh**len Br**ie**f – z**ie**hen
Manchmal werden lang gesprochene Vokale verdoppelt **(Doppelvokal).** Dies gilt für die Vokale *a, e* und *o*.	S**aa**l – W**aa**ge S**ee**le – M**ee**r M**oo**r – B**oo**t
Die Verdopplung der Vokale betrifft nur wenige Wörter. Deshalb ist es sinnvoll, sie nach und nach auswendig zu lernen.	
Wichtig: Umlaute werden nicht verdoppelt.	das B**ö**tchen – die S**ä**le
Um eine Dehnung anzuzeigen, kann nach einem lang gesprochenen Vokal auch ein **Dehnungs-h** stehen. Dieses steht oft vor den Konsonanten *l, m, n, r.*	Z**ah**l – Gef**ah**r – z**ah**m **Eh**re – beg**eh**ren B**oh**ne – w**oh**nen **Uh**r – F**uh**re
Das lang gesprochene *i* wird meistens durch ein Dehnungs-e gekennzeichnet.	St**ie**fel – L**ie**ge w**ie**gen – s**ie**gen
Gelegentlich wird das lange i mit einem Dehnungs-h geschrieben.	**ih**m – **ih**r – **ih**nen
Selten wird das Dehnungs-e mit einem Dehnungs-h kombiniert.	fl**ieh**en – V**ieh**
In manchen Gebieten Deutschlands gibt es Städte, die auf *-ow* enden. Hierbei wird das ***w*** allerdings nicht gesprochen. Es zeigt als Dehnungszeichen nach dem ***o*** an, dass das ***o*** lang gesprochen wird.	Güstr**ow** – Teter**ow** – Trept**ow**

WISSEN

ÜBUNG 1 ***aa, ee* oder *oo*? Gesucht sind Wörter mit Doppelvokalen. Setze richtig ein.**

1. S ___ le 2. St ___ t 3. Z ___ 4. Schn ___ 5. d ___ f

6. H ___ re 7. M ___ s 8. l ___ r 9. B ___ t 10. P ___ r

ÜBUNG 2 **Verniedliche die folgenden Wörter, indem du ein *-chen* an das Wort hängst. Beachte die richtige Rechtschreibung!**

1. der Saal: das Sälchen
2. das Haar: ___
3. das Boot: ___
4. das Paar: ___

ÜBUNG 3 **Gleiche Zahl – gleicher Buchstabe: Gesucht sind Wörter mit langem *i*.**

1. Sie liegt auf der grünen ___ ___ ___ ___ ___ (1 2 3 4 3).
2. Sie kann nicht kommen. ___ ___ ___ (2 5 6) geht es nicht gut.
3. Ich werde noch schnell die Blumen ___ ___ ___ ___ ___ ___ (7 2 3 8 3 9).
4. Nun musst du die Nudeln abschütten. Hierzu benötigst du ein ___ ___ ___ ___ (4 2 3 10).
5. Hunde bellen, Pferde ___ ___ ___ ___ ___ ___ ___ (11 2 3 5 3 6 9).
6. Sie ___ ___ ___ ___ (12 2 3 5) sich den Zirkel von ihrem Bruder.
7. Hier ist es kalt. Meine Oma ___ ___ ___ ___ ___ ___ (13 6 2 3 6 14).
8. Dann nehme ich mal ___ ___ ___ ___ (15 2 3 4) und mal das.

Lösungssatz: ___ ___ ___ (15 2 3) ___ ___ ___ ___ ___ (10 2 3 9 3) ___ ___ ___ ___ ___ ___ (13 12 2 3 7 14).

ÜBUNG 4 **Gesucht sind Wörter mit Dehnungs-h. Du bekommst sie heraus, wenn du nur jeden zweiten Buchstaben gelten lässt. Schreibe die Wörter dann richtig auf.**

1. wfrrsükh ___
2. keyrbzyäzhwlcenn ___
3. aZyamhonapcaismtraytcusbpe ___

ÜBUNG 5 **Bilde einen lustigen Satz mit den vorgegebenen Wörtern mit Dehnungs-h.**

Bohne - Ohren - vermehren - wühlen

ÜBUNG 6 **Gesucht sind Wörter mit langem Vokal. Schreibe jeweils das dargestellte Wort auf.**

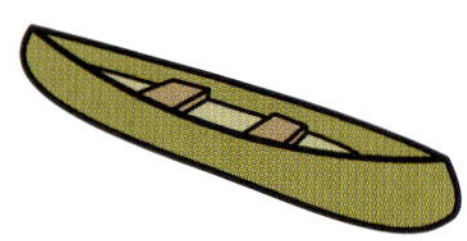

WISSEN

Ur- / Uhr-

Die Vorsilbe **Ur-** weist auf den Ursprung hin. Sie kennzeichnet etwas weit Zurückliegendes oder Erstes oder drückt eine Verstärkung aus.

Urzeit – urtümlich – Uraufführung
uralt – urgemütlich

Uhr hingegen ist keine Vorsilbe, sondern ein eigenständiges Substantiv. Man kann es, wie andere Substantive auch, mit anderen Wörtern zusammensetzen.

Uhrzeiger – Uhrzeit – Uhrengeschäft - Armbanduhr

ÜBUNG 7 ***Ur- / ur-* oder *Uhr-/-uhr?* Setze richtig ein.**

1. Das ist ein ______ iges Restaurant, es gefällt mir.
2. Wer ist der ______ heber dieses Schlamassels?
3. Wir haben uns eine neue Wand ______ gekauft.
4. Bei der ______ abstimmung hat mehr als die Hälfte dafür gestimmt.
5. Die ______ kette ist aus Gold.

2.2 Lange Vokale ohne Dehnungszeichen

Oft werden Vokale auch lang gesprochen, ohne dass sie durch ein Dehnungszeichen kenntlich gemacht sind.	R**a**be – L**e**ben – R**o**se kl**a**gen – beg**e**gnen – h**o**len **U**rzeit
In folgenden Fällen steht meistens **kein Dehnungszeichen:** ▪ wenn nach einem lang gesprochenen Vokal ein einzelner Konsonant steht, ▪ bei Wörtern, die mit *Sch / sch, Qu / qu* oder *T / t* beginnen, ▪ nach *ai, ei, au, eu, äu,* ▪ bei vielen Vorsilben und Nachsilben *(ur-, -bar, -sal, -sam).*	 B**a**d – Bl**u**me s**a**gen – l**e**ben – l**o**sen Sch**a**l – sch**o**nen – Qu**o**te – qu**e**r – T**ü**r – t**o**ben W**ai**se – T**ei**l – M**au**er – **Eu**le – M**äu**se **Ur**einwohner – mach**bar** – Trüb**sal** – selt**sam**
Das lang gesprochene *i* wird hin und wieder auch ohne Dehnungszeichen geschrieben. Deshalb sollte man sich diese Wörter merken. Die meisten der Wörter sind Fremdwörter oder Lehnwörter, sie wurden also aus einer anderen Sprache entnommen. Oft enden sie auf *-il, -in, -ine.*	w**i**r – m**i**r – d**i**r T**i**ger – B**i**ber Krokod**i**l – Vent**i**l Benz**i**n – Med**i**z**i**n Mandar**i**ne – Apfels**i**ne
Bei den Wörtern ***wieder / wider*** muss man die Bedeutung kennen: ▪ ***wieder*** bedeutet so viel wie *noch einmal, erneut* oder *zurück,* ▪ ***wider*** bedeutet *gegen, entgegen.*	 w**ie**derkommen – w**ie**derholen – w**ie**dersehen w**i**dersprechen – w**i**dersetzen
Neben *wieder / wider* gibt noch weitere Wörter mit langem Vokal, die gleich klingen, aber verschiedene Schriftbilder und Bedeutungen haben (sog. **Homofone**). Schwierigkeiten bereiten auch gleiche Laute, die in einem Wort mit Dehnungszeichen und in einem anderen ohne Dehnungszeichen geschrieben werden.	 L**ie**d – L**i**d Wa**h**l – W**a**l H**o**heit – R**oh**heit G**ei**er – R**eih**er

ÜBUNG 8 **Gesucht sind Wörter mit lang gesprochenem i ohne Dehnungszeichen.**

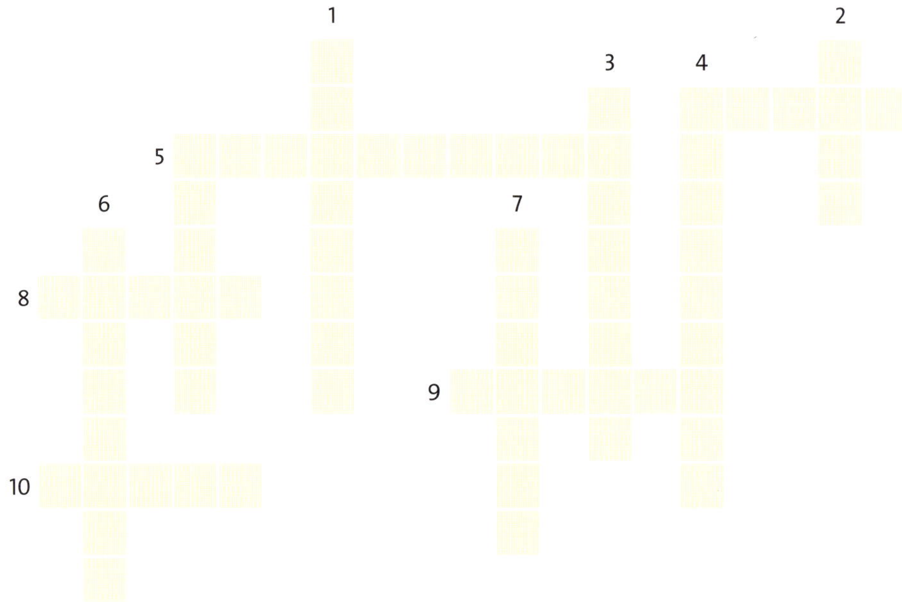

Senkrecht:
1. Ein grünes, gefährliches Reptil
2. Dort kann man Filme ansehen
3. Jemand, der Spuren verfolgt
4. Eine orangefarbene Frucht
5. Eine Schneemasse
6. Ein technisches Hilfsmittel
7. Nimmt man, wenn man krank ist

Waagrecht:

4. Polizisten fragen Verdächtige danach
5. Ein Triebfahrzeug
8. Im Winter macht er einen Raum gemütlich
9. Frauen tragen es im Sommer
10. Das Buch der Christen

ÜBUNG 9 **Gesucht sind weitere Wörter, die auf *-ine* enden. Findest du sie?**

1. Sobald ich auch nur eine einzige Ro______ im Kuchen entdecke, lasse ich ihn stehen.
2. Die Vio______ wird auch „Geige" genannt.
3. Anstelle von Butter kann man auch Mar______ nehmen.
4. Die Burg ist nicht mehr gut erhalten. Es steht nur noch eine Ru______ da.

ÜBUNG 10 **Dehnungs-h oder nicht? Setze ein. Wenn kein Dehnungs-h steht, dann setze einen Strich.**

1. Schwa ___ n 2 Stra ___ l 3. Verke ___ r 4. To ___ n
5. Schu ___ e 6. Brü ___ e 7. Ra ___ men 8. Fo ___ len
9. Scha ___ le 10. lei ___ se 1. Leu ___ te 12. gewö ___ nlich
13. So ___ le 14. Schleu ___ se 15. Que ___ re 16. Trä ___ ne

ÜBUNG 11 **Bilde aus den folgenden Wörtern Adjektive und Substantive mit der Vorsilbe *Ur- / ur-* oder den Nachsilben *-tum, -sal, -bar, -sam* und trage sie in die Tabelle ein. Manche Wörter lassen sich in mehrere Spalten eintragen.**

Sprung – Christen – Mühe – fahren – Wunder – selten – lang – alt – Frucht – schicken – Alter – ehren – rinnen – Furcht – genießen – Zeit

Ur- / ur-	-tum	-sal	-bar	-sam

ÜBUNG 12 ***Wieder- / wieder-* oder *Wider- / wider-*? Setze ein.**

1. Immer diese ___ holungen im Fernsehen!
2. Hiermit ___ rufe ich mein Versprechen.
3. Es gab auch Menschen, die ___ stand geleistet haben.
4. Manche Tiere sind ___ käuer.
5. Ich ___ setze mich nicht gerne Ihren Anweisungen, aber in diesem Fall muss ich es tun.

ÜBUNG 13 **Finde in dem Gitterrätsel waagrecht, senkrecht und diagonal 12 Homofone und umkreise sie. Die Anfangsbuchstaben sind dick gedruckt.**

W	A	L	C	L	**W**	A	G	E	N	N
L	L	Ä	Ö	P	K	**W**	G	G	X	**L**
B	I	P	P	Y	M	A	**B**	W	H	I
O	H	D	V	D	Q	A	U	O	K	E
O	A	**M**	N	L	U	G	W	W	T	D
T	P	A	D	T	Y	E	U	L	I	E
E	B	L	T	**S**	U	N	H	Q	L	X
S	S	S	Q	T	M	A	P	H	K	C
T	J	Ö	C	I	**M**	N	A	N	R	G
I	R	K	W	E	T	**W**	G	Ä	X	S
L	N	F	A	L	Q	A	V	I	B	H

ÜBUNG 14 **Schreibe die Homofone von Übung 13 paarweise auf.**

1. Waagen – Wagen
2. ______ – ______
3. ______ – ______
4. ______ – ______
5. ______ – ______
6. ______ – ______

ÜBUNG 15 **Setze jeweils ein passendes Wort aus Übung 14 ein.**

1. Der ______ ist eines meiner Lieblingstiere.
2. Du hast die ______ – heute oder morgen.
3. Sing doch mal ein fröhliches ______.
4. Durch eine Entzündung am Auge fällt das ______ immer herunter.
5. Am Meer gibt es viele kleine ______.
6. Der ______ bringt sicher gute Nachrichten.

2.3 Die Schärfung

Kurz ausgesprochene Vokale **(Schärfung)** werden beim Schreiben unterschiedlich gekennzeichnet.	
Nach einem kurzen Vokal folgt oft ein **Doppelkonsonant.**	Ka**nn**e – Be**tt** – Zi**mm**er – To**nn**e – bru**mm**en
Nach einem lang gesprochenen Vokal oder einem Diphthong (Zwielaut) hingegen steht nie ein Doppelkonsonant.	Kn**o**ten – R**au**m
Die Konsonanten **k** und **z** werden in der Regel nicht verdoppelt, sondern als *ck* bzw. *tz* geschrieben.	ha**ck**en – De**ck**e – hi**tz**ig – Klo**tz**
Nur in ganz wenigen Ausnahmefällen schreibt man *kk* und *zz*; bei solchen Wörtern handelt es sich in der Regel um Fremdwörter.	a**kk**urat – Ma**kk**aroni – Sa**kk**o Pi**zz**a – pu**zz**eln – Ski**zz**e
Ein kurz gesprochener Vokal kann auch durch eine **Konsonantenhäufung** kenntlich gemacht werden. Dann folgen auf einen kurzen Vokal zwei oder mehrere verschiedene Konsonanten.	ha**rt** – Schra**nk** – E**rbs**e – Ho**lz** – pu**rz**eln
Aufgepasst: So wie der Wortstamm geschrieben wird, so werden auch alle verwandten Wörter geschrieben.	Be**tt** – Be**tt**decke – be**tt**en Hi**tz**e – hi**tz**ig – Hi**tz**schlag
Treffen bei einer Wortzusammensetzung drei gleiche Konsonanten aufeinander, dann schreibt man alle drei.	Be**ttt**uch – Sta**lll**uft
Wenn das Wort dadurch schlecht lesbar wird, kann auch ein Bindestrich gesetzt werden. Das sollte sich aber auf sehr lange Wörter beschränken; meist ist die normale Schreibung verständlich.	Kunststo**fff**olie / Kunststo**ff-F**olie Mü**lll**agerung / Mü**ll-L**agerung Balle**ttt**heater / Balle**tt-T**heater

ÜBUNG 16 Gesucht sind Wörter mit Doppelkonsonanten. Schreibe unter jedes Bild das passende Wort und markiere jeweils die doppelten Konsonanten.

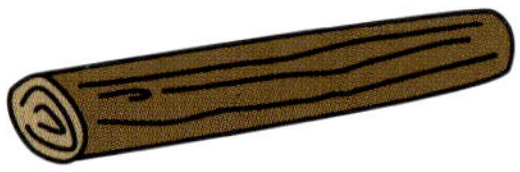

ÜBUNG 17 Suche zu jedem Wort mindestens drei verwandte Wörter.

1. Herz:
2. Sumpf:
3. melken:
4. geizig:

ÜBUNG 18 Setze die Buchstaben richtig zusammen und schreibe die Wörter auf die Linie, bei Substantiven füge ihren Artikel dazu.

1. Wcekre:
2. Wzti:
3. aStz:
4. eDcek:
5. Schrcek:
6. Schtaz:
7. Rtize:
8. ncekne:
9. mtzone:
10. oRkc:

ÜBUNG 19 Suche aus Übung 16, 17 und 18 jeweils ein Wort und bilde mit diesen drei Wörtern einen (lustigen) Satz. Wiederhole dies noch zweimal, sodass du insgesamt drei Sätze schreibst. Schreibe in dein Heft.

ÜBUNG 20 **Bilde mit den Wörtern aus dem Wortspeicher Wortzusammensetzungen, sodass drei gleiche Konsonanten aufeinandertreffen, und schreibe sie mit Artikel (bei Substantiven) auf die Linie.**

~~Abfall~~ - Anschluss - Ballett - Fahrt - Fett - Flasche - frei - Fußball - Haselnuss - Länderspiel - ~~Lager~~ - Sauerstoff - Schiff - Schloss - See - Stelle - Stickstoff - Strauch - Tropfen - Truppe

das Abfalllager,

ÜBUNG 21 **Doppelter oder einfacher Konsonant? Lies zuerst das Wort laut und überlege, ob der Vokal lang oder kurz gesprochen wird. Entscheide dich dann für die richtige Schreibweise. Kreise das richtige Wort ein.**

1. Zimmt / Zimt	2. Gewitter / Gewiter	3. Bannane / Banane
4. Kamell / Kamel	5. Bannde / Bande	6. Bircke / Birke
7. Tatze / Taze	8. schwatzen / schwazen	9. Packet / Paket

ÜBUNG 22 **Gesucht sind Fremdwörter mit *kk*. Löse das Kammrätsel.**

	1				K	K						
	2				K	K						
3					K	K						
			4		K	K						

1. Ein grünes Gemüse
2. Ein anderes Wort für „wandern“ (aus dem Englischen)
3. Königreich im Nordwesten Afrikas, Filmtitel
4. Ein größeres Musikinstrument, auch „Handharmonika“ genannt

Thementests

Lass dir die Texte diktieren und verbessere anschließend deine Fehler. Du kannst auch Eigendiktate durchführen.

Richtig schreiben |

„Wer nämlich mit h schreibt, ist dämlich“, | sagt meine Lehrerin immer. | Wer will schon dämlich sein? | Für gewöhnlich funktioniert der Satz gut: | Ich schreibe das Wort richtig. |

Mir sind aber auch noch andere Sätze zu Ohren gekommen: | „Doppel-a, das ist doch klar, | sind in Waage, Haar und Paar.“ | Und sofort fallen mir weitere Wörter mit Doppelvokalen ein: | Saat, Moor und Saal sind nur einige davon. | „Den Tiger schreib mit langem i, | jedoch mit ie schreib ihn nie!“ | Sicher kennst auch du noch weitere Wörter, | die mit einfachem i geschrieben werden: | Biber oder Maschine. | Was ist mit Tier und Vieh? |

Wenn man sich nicht sicher ist, | hilft ein Trick oft weiter: | „Einmal doppelt geschrieben – immer doppelt geschrieben.“ | Das heißt, | so wie ein Wort geschrieben wird, | so schreibt man auch alle anderen verwandten Wörter. |

Und du siehst: | Richtig schreiben | ist doch gar nicht so schwer!

(145 Wörter)

Picknick |

Meine Freundin Sabine hat mich | zum Picknick eingeladen. | Pünktlich bin ich mit einer Decke | und meinem Hund Waldemar bei ihr. | Sabines Mutter muss noch die Lockenwickler | aus ihren Haaren nehmen, | dann fahren wir an die linke Flussseite* mit der schönen Wiese. |

Wir suchen einen Platz | und setzen uns auf die Decke. | Sabines Mutter packt den Korb aus: | Brot, Plätzchen, Schokolade, | selbst Schnitzel und Zuckerstangen | zaubert sie heraus. | Mir läuft schon das Wasser im Mund zusammen. | Gerade will ich zugreifen, | da höre ich ein Bellen und Schreie. | Mit einem Satz springe ich hoch. | Wo ist Waldemar? | Ich hatte ihn an einen Baumstamm gebunden. | Suchend blicke ich mich um. | Da sehe ich ihn: | Er rennt am Ufer entlang | und bellt die Enten an. | Diese flattern vor lauter Schrecken wild um sich. | Die anderen Gäste unterhalten sich empört | und zeigen auf ein Pappplakat*: | „Hunde an die Leine“ steht darauf. | Ich renne los, | fange Waldemar ein | und meckere mit ihm. | Dann setze ich mich wieder auf die Decke | und nehme mir eine Zuckerstange. | Die Leine lasse ich heute nicht mehr los.

* *auch:* Fluss-Seite, Papp-Plakat

(178 Wörter)

Eine moderne Maschine |

Max liegt auf dem Bett und denkt nach. | Er soll für die Schule | eine moderne Maschine zeichnen. | Was sollte diese können? |

„Das ist eigentlich ganz leicht“, | denkt Max. | Sie kann verlorene Schuhe | und Schals wiederfinden. | Wenn ich Hunger auf Eis habe, | dann zaubert sie mir Apfelsineneis oder Mandarineneis. | Falls ich krank bin, | bringt sie mir meine Medizin, | und wenn ich einen Film im Kino verpasst habe, | dann zeigt sie ihn mir. | Sie geht mit mir in den Zoo | und lehrt mich alles über Tiger, Biber, Mäuse und Eulen. | Sie putzt morgens meine Zähne, | damit ich nicht aufstehen muss, | und richtet mein Frühstück. | Das wäre toll. |

Und sie ist mein bester Freund. | Sie fährt mit mir Fahrrad und spielt Fußball. | Doch halt, dann hätte ich | überhaupt keine Zeit mehr für meine alten Freunde. | Sie würden nie wieder zu mir kommen | und wir würden nie wieder miteinander spielen | und uns unterhalten. | Ich würde meine Freunde vermissen. |
Auf einmal will Max | gar keine Maschine mehr. | Für den Lehrer zeichnet er eine Eismaschine, | das kann nicht schaden. | Und für alles andere hat er Freunde.

(183 Wörter)

3 Die s-Laute

3.1 s, ß, ss

Für den s-Laut gibt es im Deutschen drei verschiedene Schreibweisen: **s, ß** und **ss.** Deshalb ist die Schreibung dieser Laute oft sehr schwierig. Grundsätzlich unterscheidet man nach der Aussprache: Weiche Laute werden auch **stimmhafte** Laute genannt, harte Laute bezeichnet man als **stimmlos.**

Ein **einfaches s** schreibt man

- nach Konsonanten, — Fer**s**e – Gan**s** – Mop**s**
- am Wortanfang, — **S**and – **s**icher – **S**onne
- in der Wortmitte nach einem Vokal, Doppellaut oder Umlaut. — Ho**s**e – Hau**s** – bö**s**e

Außer am Wortende wird das einfache s meist **stimmhaft** gesprochen.

Ein **ß** schreibt man nach einem lang gesprochenen Vokal, dann wird der s-Laut meist **stimmlos** gesprochen.

Stra**ß**e – gie**ß**en – Scho**ß** – Fu**ß**

Ein **ss** schreibt man fast immer nach einem kurz gesprochenen Vokal.

Kla**ss**e – me**ss**en – wi**ss**en

Es gibt wenige (meist kurze) Wörter, die in der Einzahl nach einem kurz gesprochenen Vokal mit einfachem s geschrieben werden. Im Plural schreibt man sie allerdings wieder mit **ss.**

Bu**s** – Bu**ss**e
Kürbi**s** – Kürbi**ss**e

Die Endung **-nis** schreibt man in der Einzahl mit einfachem **s**, im Plural jedoch wird -**nisse** mit **ss** daraus.

das Geheim**nis** – die Geheim**nisse**

Manchmal gibt es verwandte Wörter, die unterschiedlich geschriebene s-Laute haben. Hier muss man gut aufpassen und die oben genannten Regeln anwenden.

der Flu**ss** – flie**ß**en

ÜBUNG 1 **Finde zu jedem Wort mit s-Laut drei Reimwörter.**

1. Messer:
2. Fluss:
3. Hose:
4. hässlich:

ÜBUNG 2 **Löse das Bilderrätsel.**

1						S	
2						S	
3						S	
4						S	
5						S	
6						S	

ÜBUNG 3 **Fülle die Tabelle aus. Achte auf die richtige Schreibweise.**

Substantiv	Infinitiv	3. Pers. Sing. Präsens
der Schuss		
	fressen	
		er misst
	gießen	
der Biss		
		es fließt
	verdrießen	
das Schloss		

Üben

ÜBUNG 4 **Bilde aus den Verben im Wortspeicher Substantive, indem du die Endung *-nis* anhängst. Setze die Substantive dann in den Plural.**

~~ereignen~~ – erfordern – erschweren – erzeugen – hindern – verhalten

das Ereignis – die Ereignisse,

ÜBUNG 5 ***s, ss* oder *ß*? Setze richtig ein.**

Un___inn___ätze

1. Das ___ü___e ___auerkrautfa___ hat gro___en Spa___.
2. Peter___ Va___e ist bö___e mit den Ro___en von der Wie___se.
3. Da___ Nie___en kommt aus der Na___e wie das Wa___er aus der Gie___kanne.
4. Schlie___lich gibt es Klö___e für den hei___en Ha___en.
5. Meine Fer___e ist fran___ig wie ein Pin___el.

ÜBUNG 6 **Ordne die Wörter aus dem Wortspeicher ihren Erläuterungen zu.**

~~Buße~~ – Busse – Maße – Masse – Rasen – Rassen – Wiesen – Wissen

1. Eine Fläche aus Gräsern:
2. Eine große Menge von etwas:
3. Wiedergutmachen von Fehlern: Buße
4. Kenntnis in bestimmten Fachbereichen:
5. Längen- oder Größenangaben:
6. Verkehrsmittel (Plural):
7. Eine Gattung, z. B. bei Tieren (Plural):
8. Grünflächen, die nicht regelmäßig gemäht werden (Plural):

ÜBEN

3.2 das / dass

Ob man ***das*** oder ***dass*** schreibt, kommt auf die grammatikalische Bedeutung der Wörter an.	
Das Wort ***das*** kann verschiedene Funktionen haben: ■ Es ist ein **Artikel.** ■ Es ist ein **Relativpronomen.** ■ Es ist ein **Demonstrativpronomen.**	 **das** Auto – **das** Haus Das Kind, **das** im Hof spielt, hat Hunger. **Das** ist es, was ich immer wollte.
Das Wort ***dass*** ist eine **Konjunktion.** Konjunktionen sind Bindewörter, die zwei Sätze miteinander verbinden. Vor ***dass*** steht in der Regel ein Komma. Wenn der Nebensatz dem Hauptsatz vorausgeht, dann steht das Komma am Ende des Nebensatzes.	Ich freue mich, **dass** du gekommen bist. Wir finden, **dass** es ein guter Tag ist. Dass wir nun alle versammelt sind**,** finde ich sehr schön.
Ob man ***das*** oder ***dass*** schreiben soll, kann man auch mit der **Ersatzprobe** herausfinden: ■ Wenn man für ***das / dass*** die Wörtchen *ein, dieses, jenes* oder *welches* einsetzen kann, dann schreibt man ***das.*** ■ Wenn man für ***das / dass*** kein anderes Wort einsetzen kann, dann schreibt man ***dass.***	das Mäppchen – **ein** Mäppchen – **dieses** Mäppchen – **jenes** Mäppchen Das Buch, **das** ich mir gekauft habe ... – Das Buch, **welches** ich mir gekauft habe ... **Das** meine ich! – **Dieses** meine ich! Ich denke, **dass** dies nicht so schwierig ist.
Folgende ***dass*-Sätze** gibt es häufig: ■ Er / Sie sagte, dass ... ■ Ich bin der Ansicht, dass ... ■ Hast du schon gehört / gesehen, dass ... ■ Ich denke / meine / glaube, dass ... ■ Sie schreibt, dass ... *Achtung:* Es kann aber auch ein Artikel oder ein Demonstrativpronomen stehen.	 **Er sagte, dass** es morgen regnen wird. **Ich bin der Ansicht, dass** wir das Treffen verlegen sollten. **Ich denke, dass** wir dieses Problem lösen werden. **Ich denke, das** Problem werden wir lösen. **Ich glaube, das** wird nicht einfach.

WISSEN

ÜBUNG 7 **Vervollständige die Nebensätze. Markiere dann die Konjunktion *dass*.**

1. Ich hoffe, dass .
2. Ich befürchte, dass .
3. Ich denke, dass .
4. Ich befürworte, dass .

ÜBUNG 8 **Verbinde die beiden Sätze, indem du das Relativpronomen *das* einsetzt. Vergiss die Kommasetzung nicht! Markiere dann das Relativpronomen. Schreibe die Sätze mit den Nebensätzen in dein Heft.**

Beispiel: Das Mädchen ist hilfsbereit. Es hat mir seinen Sitzplatz angeboten. →
Das Mädchen, das mir seinen Sitzplatz angeboten hat, ist hilfsbereit.

1. Das Bild hänge ich über die Couch. Ich habe es mir gestern gekauft.
2. Das Buch ist spannend. Mein Lehrer hat es empfohlen.
3. Das Elefantenbaby ist noch ganz klein. Es wurde erst vor wenigen Tagen geboren.
4. Das Heft ist bereits voll. Ich habe es erst letzte Woche gekauft.

ÜBUNG 9 **Welche Funktion hat das fett gedruckte *das* in den jeweiligen Sätzen? Kreuze an (A = Artikel, D = Demonstrativpronomen, R = Relativpronomen).**

	A	D	R
1. Das Auto, **das** wir uns kaufen werden, ist grün.	☐	☐	☐
2. Ich kann **das** gar nicht glauben!	☐	☐	☐
3. Das Haus, **das** ihr sucht, steht hinter der Kurve.	☐	☐	☐
4. **Das** Schulkind, das im Schulhof steht, ist in der ersten Klasse.	☐	☐	☐
5. Ich glaube, **das** Heft liegt zu Hause.	☐	☐	☐

ÜBEN

ÜBUNG 10 **Setze für *das* eines der Wörtchen *dieses*, *jenes* oder *welches* ein und schreibe den Satz nochmals auf.**

1. Das macht mir Spaß!

   Dieses macht mir Spaß!

2. Das Nest, das vom Baum gefallen ist, ist unversehrt.

3. Das Lampenfieber macht mich noch ganz krank.

4. Das Messer, das ich benutzt habe, ist sehr scharf.

ÜBUNG 11 ***das* oder *dass*? Streiche das falsche Wörtchen durch. Wenn du alles richtig gemacht hast, dann kannst du mit den Lösungsbuchstaben das Zitat von Wilhelm Busch vervollständigen.**

1. Ich kann mir gut vorstellen, das (O) / dass (B) du enttäuscht bist.
2. Das (E) / Dass (T) Gaspedal ist auf der rechten Seite.
3. Das Puzzle, das (S) / dass (C) ich gewonnen habe, ist riesig.
4. Das (C) / Dass (P) ist es!
5. Er sagte, das (R) / dass (H) er keine Zeit habe.
6. Das (L) / Dass (M) Theater ist sehr schön.
7. Ich kenne das (U) / dass (W) nur zu gut.
8. Daran kann man erkennen, das (R) / dass (S) Schule wichtig ist.
9. Ich denke, das (S) / dass (H) wird schön.
10. Das (M) / Dass (N) Rhinozeros lebt in Afrika und Asien.
11. Ich habe gehört, das (L) / dass (U) es morgen regnen soll.
12. Das (S) / Dass (A) habe ich mir nicht so vorgestellt.
13. Das Kamel, das (S) / dass (G) du dort siehst, ist schon sehr alt.

„Also lautet ein ___ ___ ___ ___ ___ ___ ___ ___ ___ (1 2 3 4 5 6 7 8 9),
dass der Mensch was lernen ___ ___ ___ ___ (10 11 12 13)."

ÜBEN

Thementests

Lass dir die Texte diktieren und verbessere anschließend deine Fehler. Du kannst auch Eigendiktate durchführen.

Das Geheimnis |

Jana und Selina | sind beste Freundinnen. | Doch in den letzten Tagen tuschelt Selina mit Svenja, | und wenn Jana dazukommt, | verstummt das Gespräch. |

Jana fühlt sich ausgeschlossen. |

Am Samstag hat sie Geburtstag. | Darauf freut sie sich schon sehr, | und sie hofft, | dass es ein schöner Tag werden wird. | Sie erinnert Selina nochmals an die Feier. | Doch diese hat Janas Geburtstag vergessen. | Jana ist enttäuscht und rätselt, | was mit Selina los ist. |

Am Samstag ist sie traurig | und auch die Geschenke ihrer Eltern | und die süße Geburtstagstorte | können sie nicht aufmuntern. | Da klingelt es an der Tür. | Jana öffnet und vor der Tür | steht Selina mit Svenja | und noch drei weiteren Freundinnen. | Sie halten ein riesengroßes Geschenk in den Händen | und singen ein schönes Lied. |

Jana ist überglücklich. | Sie öffnet ihr Geschenk: | Es ist ein großer Lenkdrachen. | Und schön ist, | dass ihn die Mädchen selbst gebastelt haben. | Dann flüstert Selina Jana ins Ohr: | „Ab heute keine Geheimnisse mehr!“

(158 Wörter)

Keine dummen Gänse |

Sicher kennt jeder die Redensart | „dumm wie eine Gans sein“. | Doch Gänse sind | alles andere als dumm! | Jeder Hofeigentümer wird bestätigen können, | dass Gänse die besten Wächter sind. | Da kann der Wachhund noch schlafend in seiner Hütte liegen, | die Gänse schnattern schon laut los, | wenn sie einen Eindringling bemerken. | Und sie lassen sich nicht mit feinen Leckerbissen beruhigen! |

Die Gans gehört zu der Unterfamilie der Entenvögel. | Sie ist größer als die Ente | und hat einen längeren Hals. | Wenn sich Gans und Gänserich einmal gefunden haben, | dann bleiben sie ihr Leben lang zusammen. | Sie gehen auch gemeinsam | mit ihren Jungen spazieren. | Dann watschelt die Gans am Anfang der Truppe | und der Gänserich geht zum Schluss. | So kann er stets sicher sein, | dass ihm kein Junges entkommt. |

So friedlich die Gans auch aussieht, | sie kann auch anders: | Wenn sie sich bedroht fühlt, | dann zischt sie laut und zetert so lange, | bis der Gänserich ihr zu Hilfe eilt.

(158 Wörter)

Kaum zu glauben |

Neulich habe ich in einem Buch gelesen, | dass jeder Mensch im Schlaf | schon einmal Insekten und Spinnen verschluckt hat. | Eine Hochrechnung besagt, | dass ein Mensch im Laufe seines Lebens | etwa zwanzig Insekten und zehn Spinnen essen wird, | während er schläft. | Kann man das glauben? |

Dass man Fliegen verschluckt, | während man mit dem Fahrrad fährt, | das ist mir auch schon einmal passiert. | Das geht so schnell, | dass man überhaupt nicht reagieren kann. |

Ich war sehr schnell gefahren | und so außer Atem, | dass ich den Mund aufmachte | und sich sofort eine kleine Fliege darin verflog. | Das fand ich eigentlich nicht so schlimm, | aber mit der Vorstellung, | dass eine Spinne in meinen Mund kriecht, | kann ich mich nicht anfreunden. |

Andererseits muss das nicht jedem passieren. | Ich habe nämlich auch gelesen, | dass der Mensch einen Eigengeruch hat, | der den Insekten (mit Ausnahme von Mücken und Fliegen) | nicht gefällt. | Deshalb machen sie hoffentlich einen großen Bogen um uns, | auch nachts.

(158 Wörter)

4 Gleich und ähnlich klingende Laute und Wörter

4.1 Gleich und ähnlich klingende Laute

Es gibt Laute, die gleich oder sehr ähnlich ausgesprochen, aber unterschiedlich geschrieben werden.	W**ä**nde – W**e**nde **V**ogel – **F**eier – **Ph**ilosoph
■ Ein Wort wird mit **ä / äu** geschrieben, wenn es verwandte Wörter mit **a / au** gibt. ■ Es gibt auch Wörter, die man mit **ä** oder **äu** schreibt, obwohl sie sich nicht ableiten lassen. Diese muss man sich merken. ■ Einige Wörter können sowohl mit **e** als auch mit **ä** geschrieben werden.	H**ä**nde / H**a**nd – Gew**ä**sser / W**a**sser L**äu**fer / l**au**fen – Br**äu**ne / br**au**n B**ä**r – K**ä**fer – Kn**äu**el aufw**e**ndig (*wegen:* aufw**e**nden) aufw**ä**ndig (*wegen:* Aufw**a**nd)
■ Die meisten Wörter werden mit **ei**, nur wenige mit **ai** geschrieben.	B**ei**n – l**ei**se – m**ei**stens K**ai**ser – M**ai**s – W**ai**se
■ Beim gesprochenen **f-Laut** werden die meisten Wörter mit **F / f** geschrieben. ■ Die Wörter, die mit **V / v** geschrieben werden, sollte man sich gut einprägen. ■ Wenige Wörter schreibt man mit **Ph / ph**. Diese Wörter sind Fremdwörter. Manche darf man auch mit **F / f** schreiben; diese Schreibung ist oft die geläufigere.	**F**rosch – **f**eiern – **f**lüssig **V**ater – **v**iele – **v**ier **Ph**arao – **Ph**ysik – **Ph**ilosophie **F**oto / **Ph**oto – Del**f**in / Del**ph**in – Geogra**f**ie / Geogra**ph**ie
Die Konsonanten **b, d** und **g** werden in der Regel weich gesprochen, die Konsonanten **p, t** und **k** hingegen hart. Am Ende einer Silbe oder eines Wortes klingen **b, d, g** und **p, t, k** aber gleich. Hier hilft es, das Wort zu verlängern oder ein verwandtes Wort zu suchen.	**B**i**b**el – **d**afür – **G**eist **P**anik – **T**elefon – **K**iste lie**b** / Lie**b**e – Wal**d** / Wäl**d**er Sar**g** / Sär**g**e Pum**p** / pum**p**en – har**t** / här**t**er Wer**k** / Wer**k**e
Für den gesprochenen **x-Laut** gibt es mehrere Schreibungen: **x, ks, cks, gs, chs**. Hier hilft manchmal die Wortfamilie.	Fa**x** – Ko**ks** – Kle**cks** – anfan**gs** – Fu**chs** Kle**cks** / kle**ck**ern – anfan**gs** / der Anfan**g**

ÜBUNG 1 **Suche zu jedem Wort mit *ä* oder *äu* ein verwandtes Wort.**

1. prächtig –	die Pracht	2. die Wärme –	
3. die Fäuste –		4. der Verkäufer –	
5. schädlich –		6. der Räuber –	
7. die Bäuerin –		8. zählen –	
9. die Blässe –		10. das Gräuel –	

ÜBUNG 2 **Gesucht sind Wörter mit *ai*. Löse das Rätsel.**

1			A	I				
2			A	I				
3			A	I				
4			A	I				
5			A	I				
6			A	I				
7			A	I				
8			A	I				
9			A	I				
10			A	I				

1. Ein Kind ohne Eltern
2. Ein Raubfisch
3. Bezeichnung für jemanden, der kein Fach mann ist
4. Eine Pflanze, aus der man auch Popcorn machen kann
5. Er ist noch mächtiger als der König
6. Ein Monatsname
7. Ein ganzes Brot bezeichnet man auch als ...
8. Ein Land in Südostasien
9. Der Strang einer Gitarre
10. Eier von Amphibien, Fischen und Weichtieren

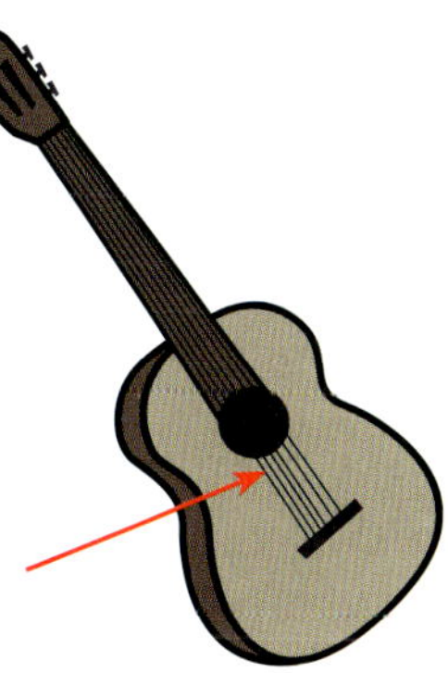

ÜBEN

ÜBUNG 3 In Wörtern mit *V / v* wird dieser Buchstabe manchmal wie *f* und manchmal wie *w* gesprochen. Trage die Wörter aus dem Wortspeicher richtig in die Tabelle ein.

Advent - brav - davon - Larve - nervös - Revolver - Vampir - Vater - Veilchen - Ventil - Verb - viele - Villa - Vogel

gesprochen wie *f*	gesprochen wie *w*

ÜBUNG 4 Den Wörtern mit *Ph / ph* fehlt die untere Worthälfte. Kannst du sie entziffern? Dann schreibe sie mit ihrem Artikel auf.

1. Phase
2. Pharao
3. Philippinen
4. Alphabet
5. Amphibie
6. Asphalt
7. Philosoph
8. Katastrophe
9. Phantom
10. Phänomen

ÜBUNG 5 **Welche Fremdwörter mit *Ph / ph* aus Übung 5 sind gemeint? Setze sie ein.**

1. Eine gespenstische Erscheinung: Phantom
2. Unglück von großem Ausmaß:
3. Jemand, der stark nachdenkt und grübelt:
4. Kriechtier, das im Wasser und auf dem Land leben kann:
5. Titel der altägyptischen Könige:

ÜBUNG 6 ***b / p, d / t* oder *g / k*? Verlängere erst die Wörter und setze dann richtig ein.**

1. die Wan d → die Wände
2. der Tra →
3. das Vol →
4. har →
5. die Opti →
6. der Schla →

ÜBUNG 7 **Setze die fehlenden Konsonanten richtig in die Scherzfragen ein. Kennst du auch die Antworten?**

1. Wer le t von der Han in den Mun ?
2. Wer hör alles un sag nichts?
3. Was is schwerer? Ein Kilo Fe ern o er ein Kilo lei?
4. Wie viele Er sen assen in ein leeres Glas?
5. Was is eim Elefan en lein un beim Floh groß?

ÜBUNG 8 **Finde jeweils ein passendes Substantiv zu den Adjektiven. Denke daran, dass du auch das Adjektiv verändern musst. Markiere dann die Adjektivendung.**

1. nervig: der nervige Schüler
2. kindisch:
3. heimlich:
4. winzig:
5. weinerlich:

WISSEN

-ig, -isch **oder** *-lich?*
Die Endungen **-ig, -isch** und **-lich** sind manchmal schwer zu unterscheiden. Auch hier kann es helfen, das Wort zu verlängern oder ein Substantiv anzupassen.

geizig – heimisch – freundlich
geizig: die geizige Frau
heimisch: das heimische Gefühl
freundlich: der freundliche Lehrer

ÜBUNG 9 *-ig, -isch* oder *-lich?* **Setze richtig ein.**

1. fried
2. herz
3. bad
4. häss
5. großart
6. fürst
7. griech
8. klein
9. haar
10. prächt

ÜBUNG 10 **Löse das Rätsel. Gesucht sind Wörter mit** ***x*****-Lauten.**

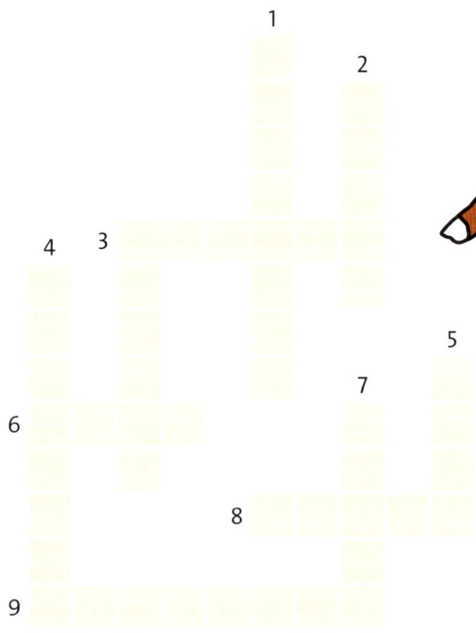

Senkrecht:
1. Kleines Reptil mit vier Beinen
2. Kastriertes männliches Rind
3. Eine weibliche Verbeugung
4. An Wochentagen
5. Ein Brennstoff aus Steinkohle
7. Er gehört zur Familie der Hunde und gilt in der Fabel als schlau

Waagrecht:
3. Eine kleine Menge
6. Kleines Gebäck
8. Ein sehr scheues Tier mit einem schwarz-weiß gestreiften Kopf
9. An Sonntagen

4.2 Gleich und ähnlich klingende Silben und Wörter

Bei manchen Silben und Wörtern kommt es auf die grammatikalische Bedeutung an, wie sie geschrieben werden.

Die ganz verschiedenen Wörter ***seid*** und ***seit*** werden gleich ausgesprochen, da das *d* am Wortende sich wie *t* anhört. Daher muss man auf die Bedeutung achten:

- ***Seid / seid*** ist die Form des Verbs *sein* in der zweiten Person Plural.
- ***Seit / seit*** benutzt man, wenn es um eine Zeitangabe geht:

Seid ihr schon wach?
Ihr **seid** morgen eingeladen.
Seit wann ...?

seit als Präposition leitet die adverbiale Bestimmung der Zeit ein,
seit als Konjunktion leitet einen Nebensatz ein.

Seit einer Woche regnet es schon.
(*Frage:* **Seit wann** regnet es schon?)
Mir geht es besser, **seit** ich den Arzt gewechselt habe.
(*Frage:* **Seit wann** geht es mir besser?)

Auch bei den Wörtern ***war*** und ***wahr*** muss man auf die Bedeutung achen:

- ***war*** ist eine Verbform: die Vergangenheit des Verbs *sein*,
- ***wahr*** hat mit *Wahrheit* zu tun.

Gestern **war** ich im Zirkus.
War unsere Klasse die beste Klasse?
Ist das **wahr**, was du erzählst?

Die Vorsilbe ***End- / end-*** kommt von dem Wort *Ende* und drückt einen endgültigen Schlusspunkt aus.

Endzeit – **end**lich – **end**gültig

In allen anderen Fällen schreibt man als Vorsilbe ***Ent- / ent-***.

Entfernung – **Ent**deckung – **ent**laden – **ent**ledigen

Stehen ***-end / -ent*** bzw. ***-and / -ant*** als Nachsilben, dann kann man das Wort auch verlängern, um die richtige Schreibweise herauszufinden.

erschreck**end** – der erschreck**ende** Vorfall
Präsid**ent** – Präsid**enten**
empf**and** – empf**anden** (empfinden)
Mand**ant** – Mand**anten**

ÜBUNG 11 **Setze die Substantive zusammen und schreibe sie mit ihrem Artikel auf.**

Ziffer
spurt
punkt
End
spiel
produkt
runde
fassung

das Endziel,

ÜBUNG 12 **Setze die Verben zusammen und schreibe sie auf. Bilde zu jedem Verb ein Substantiv.**

ehren
falten
eignen
ent
lassen
decken
fernen

enteignen – die Enteignung,

ÜBUNG 13 ***-end / -and*** **oder** ***-ent / -ant?*** **Verlängere das Wort und entscheide dich dann für eine Schreibung.**

1. der Konfirmand → die Konfirmanden
2. der Korrespond →
3. entzück →
4. der Inform →

ÜBEN

ÜBUNG 14 ***War / war*** **oder** ***Wahr / wahr*****? Setze das fehlende h ein, falls nötig.**

Mein Opa erzählt mir nie eine Geschichte, die wa ___ r ist. Gestern wa ___ r er wieder einmal bei uns. Ich sagte zu ihm: „Opa, wie wa ___ r das, als du jung wa ___ rst? Erzähle mir eine Geschichte, aber sag mir die Wa ___ rheit!“
Da fing er an: „Als ich jung wa ___ r, da wa ___ r ich ein berühmter Pirat. Wa ___ rscheinlich wa ___ r ich sogar der berühmteste Pirat aller Zeiten. Ich wa ___ r der Anführer von vielen anderen Piraten, und wir wa ___ ren wa ___ r-haftig eine ziemlich wilde Mannschaft. Aber wir haben nichts Schlimmes getan, wir wa ___ ren wie Robin Hood: Vielleicht haben wir schon mal das ein oder andere geklaut, aber wir haben es von den Reichen genommen und an die Armen verteilt. Ja, das wa ___ ren aufregende Zeiten. Manchmal träume ich noch davon und wünschte, ich wäre noch einmal jung.“ Mein Opa schaute mich verträumt an. Ob er mir die Wa ___ rheit sagte? Ich wa ___ r mir nicht sicher. Da streckte er seine Hand aus und streichelte über meinen Kopf. An seinem Handgelenk hing ein Lederarmband mit einem Totenkopf und einem kleinen Säbel.

ÜBUNG 15 **Bilde passend zu den Zeichnungen jeweils einen Satz mit** ***seit*** **und schreibe in dein Übungsheft.**

Beispiel: Seit ich das Vortragen von Referaten übe …

ÜBUNG 16 ***Seid*** **oder** ***seit*****? Setze ein.**

1. Meinen besten Freund kenne ich ___ fünf Jahren.
2. ___ ich jeden Tag übe, bin ich im Diktat viel besser geworden.
3. Ihr ___ meine besten Freunde.

Lass dir die Texte diktieren und verbessere anschließend deine Fehler. Du kannst auch Eigendiktate durchführen.

Warum der Mann mit dem Holzbein den ganzen Tag Rolltreppe fuhr |

Rolltreppen sind für uns unglaublich selbstverständlich geworden. | Es gibt sie etwa | seit dem Beginn des zwanzigsten Jahrhunderts. | Anfangs hatten genug Menschen sogar Todesangst vor ihnen | und nahmen sie erst genau unter die Lupe, | bevor sie einen Fuß auf sie zu setzen wagten. |

1911 wurde in einem Bahnhof ein Mann mit Holzbein beschäftigt, | der pausenlos Rolltreppe fuhr. | „Wenn sogar der hinkende Invalide damit zurechtkommt“, | so sollten sich die Leute sagen, | „kann dieser moderne Kram ja nicht so gefährlich sein.“ | In einem Kaufhaus stand ein Bediensteter an der Rolltreppe, | der den Feiglingen, | die ihn darum baten, | einen Schnaps gab, | damit sie sich Mut antrinken konnten. |

Heute glaubt niemand mehr, | dass Rolltreppen gefährlich sind. | Im bunten Treiben des Kaufhauses | fliegt man die Rolltreppen hinauf und hinunter. | So ist man immer auf der Jagd nach den niedrigsten Preisen | und trotzdem nie außer Atem.

(150 Wörter)

Kasperletheater |

„Seid ihr alle da?“, | fragt das lustige Kasperle immer zu Beginn des Theaters. |

Seit meiner Kindheit liebe ich | das interessante Spiel mit den Handpuppen | und immer überredete ich meine Eltern, | sonntags mit mir hinzugehen. | Gespannt saß ich auf dem Stuhl | und dann fing das Spiel an. | Meistens mussten Kasper und Sepp gegen Räuber, | bösartige Zauberer oder sogar Phantome kämpfen. | Manchmal durften sie auch eine freundliche Prinzessin retten, | das war für die beiden natürlich ein Klacks. | Und immer hatten sie es faustdick hinter den

Ohren | und überlegten sich lustige Streiche. | Wenn sie sich stritten, | sagte Kasper oft: | „Seppel, wir schlagen uns und wir vertragen uns!" |

Oft ging es in den Stücken derb zur Sache, | da wurden Krokodile verprügelt | und Polizeipräsidenten geschlagen. | Doch seit ich wusste, | dass es nur ein Theaterstück | und somit nicht wahr ist, | fand ich das nicht mehr schlimm. |

Am schönsten war, | dass ich zu Weihnachten einmal alle Handpuppen geschenkt bekam | und mir eigene Geschichten ausdenken konnte.

(159 Wörter)

Was ist los im Zoo? |

Die Bären fahren auf Einrädern durch das Gehege. | Die Pinguine versuchen(,) sich zu entblättern | und ihren schwarzen Frack auszuziehen. | Der Kakadu krächzt am laufenden Band, | seit das Känguru an seinem Gehege vorbeigesprungen ist. | Und erst die Giraffen! | Sie haben ihre Hälse mit vielen bunten Bändern geziert. | Die geizigen Wildsäue verteilen ihren Mais | großzügig an die Hirsche | und die kleinen Hirschkäfer | putzen sorgfältig ihr Geweih. |

Die kleinen Äffchen springen von Ast zu Ast | und kreischen phasenweise: | „Endzeit! Endzeit!" | Dabei werfen sie mit Bananen und Bonbons um sich | und pusten in ihre Trillerpfeifen. | Die Frösche quaken dazu im Takt | und hüpfen von einer Seerose zur nächsten. |

Am verrücktesten verhält sich der Biber, | als er entdeckt, | dass der Puma sich das Fell grün gefärbt hat: | Er taucht so lange ab, | bis er keine Luft mehr bekommt. | Doch als er wieder aus dem Wasser kommt, | hat sich der Löwe Perlen in seine Mähne gebunden. |

Was ist heute nur los im Zoo? | Die Tiere feiern Karneval!

(165 Wörter)

5

Die Getrennt- und Zusammenschreibung

5.1 Verbindungen mit Verben

■ Feste Verbindungen mit einem Verb **(untrennbare Zusammensetzungen)** werden in allen Formen zusammengeschrieben.	Ich **widerspreche** ihm. Ich habe ihm **widersprochen**. Ich hoffe, dass sie ihm **widerspricht**.
■ **Trennbare Zusammensetzungen** hingegen sind solche, die nur im Infinitiv, als Partizip und am Ende eines Nebensatzes zusammengeschrieben werden. Sonst schreibt man sie getrennt.	Leider habe ich sie nicht **angetroffen**. Ich hoffe, dass ich die Lehrerin **antreffe**. *Aber:* Ich **treffe** die Lehrerin **an.**
■ Verbindungen von **Verb + Verb** schreibt man in der Regel getrennt.	baden gehen – lesen können – arbeiten wollen
■ Verbindungen von **Verb + *bleiben*** oder **Verb + *lassen*** kann man sowohl getrennt als auch zusammenschreiben, wenn sie im übertragenen Sinn verwendet werden.	sitzen bleiben, *aber auch:* sitzenbleiben (in der Schule) liegen lassen, *aber auch:* liegenlassen (im Sinne von „vergessen“)
■ Verbindungen mit dem Verb ***sein*** schreibt man immer getrennt.	da sein – beisammen sein – vorbei sein
■ ***kennenlernen*** darf man sowohl zusammen- als auch getrennt schreiben.	Bald wirst du ihn kennenlernen / kennen lernen.
Verbindungen von **Adverb + Verb** werden meistens zusammengeschrieben (die Betonung liegt dann vorne).	abwärtsrollen – aufeinanderprallen – wiederkommen (zurückkommen)
Werden beide Teile betont, wird getrennt geschrieben.	rückwärts einparken – übereinander stolpern
Verbindungen von **Substantiv + Verb** schreibt man getrennt, wenn das Substantiv noch eigenständig ist.	Kuchen backen – Schlittschuh laufen
Ist das Substantiv verblasst (nicht mehr als solches zu erkennen), wird zusammengeschrieben.	handhaben – teilnehmen – wetteifern
Wird eine Wortverbindung als Ganzes substantiviert, schreibt man zusammen.	das Kuchenbacken – das Schlittschuhlaufen – das Sichärgern

ÜBUNG 1 **Zusammen oder getrennt? Kreuze an, ohne zuvor auf der Wissensseite nachzusehen. Manchmal kann man auch beide Kästchen ankreuzen.**

	zusammen	getrennt
1. Substantiv + Verb, wenn das Substantiv als Substantiv gebraucht wird	☐	☐
2. Verb + Verb, in der Regel	☐	☐
3. Feste Zusammensetzungen mit einem Verb	☐	☐
4. Substantiv + Verb, wenn das Substantiv verblasst ist	☐	☐
5. Die Verbindung *kennenlernen / kennen lernen*	☐	☐
6. Adverb + Verb, Betonung auf dem Adverb	☐	☐
7. Adverb + Verb, Betonung auf beiden Teilen	☐	☐
8. Substantiv + Verb, wenn die Wortverbindung substantiviert ist	☐	☐
9. Verbindung von Verb + *sein*	☐	☐

ÜBUNG 2 **Die folgenden untrennbaren Zusammensetzungen wurden falsch zusammengesetzt. Setze sie richtig zusammen und schreibe die Sätze in deinem Heft nochmals auf. Tipp: Der erste Wortteil kann jeweils stehen bleiben.**

ACHTUNG FEHLER

Beispiel: Du sollst mir nicht immer widerfolgern! → Du sollst mir nicht immer widersprechen!

1. Wir werden das Gemüse tiefhaben.
2. Sie langqueren sich.
3. Wir übersprechen vorsichtig die Straße.
4. Sie wettwandeln, wer die Schönste ist.
5. Das Gerät ist gut zu handqueren.
6. Wir schlussweilen, dass die Investition unnötig ist.
7. Sie durchgefrieren den Fluss.
8. Hoffentlich wird er heute Nacht nicht wieder schlafeifern.

ÜBUNG 3 **Forme die Sätze so um, dass die trennbaren Zusammensetzungen im Satz einmal zusammen- und einmal getrennt stehen.**

1. Ich werde unser Vorhaben durchsetzen.

   Können wir unser Vorhaben durchsetzen? Ich setze unser Vorhaben durch.

2. Hoffentlich kann der Schlüsseldienst unsere Wohnungstür aufschließen.

3. Wir denken, ihr solltet hierbleiben.

ÜBUNG 4 **Finde im Wortspeicher jeweils zwei Verben, die zusammenpassen, und bilde mit ihnen einen Satz. Insgesamt solltest du 5 Sätze bilden.**

bleiben – ~~einkaufen~~ – ~~fahren~~ – gehen – kennen – können – lassen – liegen – schreiben – schwimmen – sitzen – stehen – üben – wandern

einkaufen fahren: Wie jede Woche werden wir auch diesen Samstag wieder einkaufen fahren.

ÜBEN

WISSEN +

Adjektiv + Verb

Verbindungen von Adjektiv + Verb schreibt man zusammen, wenn durch die Verbindung eine neue Gesamtbedeutung entsteht. Ist dies nicht der Fall, schreibt man getrennt. Das ist der Normalfall. Wenn man nicht genau entscheiden kann, ob eine neue Gesamtbedeutung vorhanden ist, sind beide Schreibungen korrekt.

krankschreiben – kürzertreten – heiligsprechen

schnell sprechen – laut lachen

(eine Woche) freibekommen / frei bekommen – (sich über etwas) klar werden / klarwerden – gering achten / geringachten

ÜBUNG 5 **Setze die durcheinandergeratenen Wörter wieder zusammen und schreibe sie richtig auf.**

1. Ich werde Bello am Laternenpfahl ______ (festinbden).
2. Auf dem Schild steht, die alte Frau könne ______ (wahrgesan).
3. Wir denken, das Gericht wird ihn ______ (freiechspren).
4. Ich lasse mich gerne von meiner Katze ______ (liebsenko).
5. Mit dieser Ausbildung wirst du dich sicher ______ (besserellsten).

ÜBUNG 6 **Trenne an der richtigen Stelle und schreibe die Sätze nochmals auf.**

1. dasradfahrenstrengtmichan.
2. ichwürdegerneeinmalfrischesbrotbacken.
3. wiekönnenwirdasprobleminzukunfthandhaben?
4. ichlassemichnichtgerneirreführen.
5. amliebstenmagichdasschlittenfahrenimwinter.

ÜBEN

5.2 Verbindungen mit Substantiven und Adjektiven

Verbindungen aus **Präposition und Substantiv** schreibt man zusammen, wenn das Substantiv verblasst ist und das Ganze ein eigenständiges Wort geworden ist.	anhand – infolge – zufolge
Viele Verbindungen kann man sowohl zusammen- als auch getrennt schreiben.	aufgrund / auf Grund – anstelle / an Stelle mithilfe / mit Hilfe – zugrunde / zu Grunde
Zusammengesetzte **Adjektive** schreibt man zusammen, wenn	
▪ der erste Bestandteil die Bedeutung vermindert oder verstärkt,	bitterkalt – brandaktuell – stocktaub
▪ einer der beiden Bestandteile nicht alleine vorkommen kann.	groß**spurig** – letzt**malig** – viel**deutig**
Verbindungen von ***nicht* + Adjektiv** können getrennt oder zusammengeschrieben werden.	nicht färbend / nichtfärbend nicht öffentlich / nichtöffentlich
Eine Verbindung aus **Substantiv + Partizip** schreibt man zusammen,	
▪ wenn sie anstelle einer Wortgruppe steht und dabei ein Artikel oder eine Präposition eingespart wird,	freudestrahlend = vor Freude strahlend staubtrocken = trocken wie Staub
▪ wenn das Substantiv in dieser Form nicht selbstständig vorkommt.	friedliebend – nutzbringend
Ebenfalls zusammen schreibt man Substantiv + Partizip, wenn die zugrunde liegende Verbindung aus Substantiv + Verb zusammengeschrieben wird.	teilnehmend – heimfahrend
Wird allerdings die zugrunde liegende Verbindung aus Substantiv + Verb getrennt geschrieben, darf man die entsprechende Verbindung von Partizip und Verb sowohl getrennt als auch zusammenschreiben.	Eisen verarbeitend – eisenverarbeitend (*zu:* Eisen verarbeiten) Erholung suchend – erholungsuchend (*zu:* Erholung suchen)

WISSEN

ÜBUNG 7 **Suche zu jedem Bild ein passendes Adjektiv aus dem Wortspeicher und schreibe es auf die Linie. Setze die beiden Wörter dann zusammen und schreibe sie nochmals richtig auf.**

grün - hoch - klar - leicht - rein -schnell - ~~tot~~

+ tot = mausetot

ÜBUNG 8 **Finde die Verbindungen aus Präposition und Substantiv, indem du jeweils den zweiten Buchstaben zählst. Schreibe die Wörter dann richtig auf. Tipp: Streiche zuerst den ersten, dritten usw. Buchstaben durch.**

1. ~~w~~i~~r~~nsfkrkaygbe infrage / in Frage
2. yaznwhcannad
3. yamnosatceilmlre
4. yicnsfpokltgve
5. jajuzfzgsrouenhd
6. smdidtyhkiclkfme
7. vznungwulntshtgesn

ÜBUNG 9 **Welches Wort von Übung 8 passt in den Satz? Setze ein.**

1. ______ der Butter kann man auch Margarine verwenden.
2. Das kann ich ______ meiner Erfahrung sagen.
3. Man kann es auch ______ des Rezeptes herausfinden.

WISSEN

Schreibung mit Bindestrich

Folgende Wörter oder Wortgruppen werden durch einen Bindestrich miteinander verbunden:

- Zusammensetzungen von Wörtern mit Ziffern und Einzelbuchstaben, — 20-jährig – 4-wöchentlich – 2-mal – T-Shirt – A-Form – x-beliebig
- Zusammensetzungen mit Abkürzungen, — Spielfilm-DVD – AB-Gerät – Abi-Prüfung
- Zusammensetzungen mit mehrteiligen Eigennamen oder Substantivierungen, — Martin-Luther-Gemeinde – das In-den-April-Schicken
- unübersichtliche oder sehr lange Zusammensetzungen. — Musiker-Leben / Musik-Erleben – Schülerlotsen-Kleidungsordnung

Zusammensetzungen mit drei gleichen Vokalen oder auch Konsonanten können mit Bindestrich geschrieben werden. — See-Elefant / Seeelefant, Schlammmasse / Schlamm-Masse

ÜBUNG 10 In dem Suchrätsel sind senkrecht, waagrecht und diagonal 13 Wörter versteckt, die eigentlich mit Bindestrichen geschrieben werden. Finde sie und schreibe sie richtig in dein Heft. Tipp: Die Anfangsbuchstaben der Wörter sind fett gedruckt.

Q	K	**S**	O	A	K	X	T	K	D	B	M	E	L	J	R	K	M	C	R	H	O	V	A
U	M	T	B	D	W	K	P	Ä	F	U	W	M	G	R	**L**	K	W	F	A	H	R	E	R
J	**S**	Ö	F	A	N	**A**	D	U	R	B	M	T	U	T	P	I	I	X	**3**	M	A	L	Ö
M	K	R	P	U	H	Y	H	P	T	E	T	P	S	J	W	R	Y	O	N	L	L	G	S
J	U	V	P	**H**	A	N	D	B	A	L	L	E	M	N	O	R	H	Y	Z	W	A	G	E
F	R	**I**	E	D	R	I	C	H	S	C	H	I	L	L	E	R	D	E	N	K	M	A	L
H	V	**A**	L	B	E	R	T	S	C	H	W	E	I	T	Z	E	R	S	C	H	U	L	E
Ä	E	C	C	E	N	**T**	V	Z	E	I	T	S	C	H	R	I	F	T	Q	F	F	G	C
Z	S	**M**	A	X	I	M	I	L	I	A	N	K	O	L	B	E	S	T	R	A	S	S	E
T	J	R	Z	A	**K**	F	Z	B	E	H	Ö	R	D	E	P	**2**	Z	E	I	L	I	G	Z
M	O	N	A	T	L	I	C	H	D	W	Y	B	Q	P	K	Ö	E	Y	P	Z	K	M	Q
Ä	F	X	M	D	H	D	Q	Ä	T	R	Ö	J	N	P	K	S	F	S	Ö	T	U	X	Q

ÜBUNG 11 **Forme die (Unsinn-)Sätze zu richtigen Sätzen um, indem du jeweils eine Verbindung aus Substantiv + Partizip benutzt.**

1. Die Läufer starten versetzt in der Zeit.
2. Die Lage erregt Besorgnis.
3. Diese Erneuerung bricht sich Bahn.
4. Der Hund jault, um das Herz zu erweichen.
5. Diese Lampe spart Energie.

ÜBUNG 12 **Vervollständige die Regelsätze, ohne zuvor im Wissensteil nachzusehen.**

Wortverbindungen aus Substantiv + Partizip schreibt man zusammen,

1. wenn sie anstelle einer ______ stehen und dabei ein Artikel oder eine Präposition eingespart wird,
2. wenn das ______ in dieser Form nicht selbstständig vorkommt,
3. wenn die zugrunde liegende Verbindung aus Substantiv + ______ zusammengeschrieben wird.

ÜBUNG 13 **Schreibe den Text richtig in dein Heft.**

IchhabeletzteWocheeinenganzinteressantenMenschenkennengelernt. Ererzähltemir, seinVaterseitaubstummgewesen, sodasssienurmithilfederGebärdensprachezueinandersprechenkonnten. SchonmitdreiJahrenhabeerdieallerwichtigstenGebärdeneinsetzenkönnen. NacheinigerÜbunghättenseinVaterundersichsehrgutverständigenkönnen. AuchseinebeidenGeschwisterhättenaufdieseArtsprechenlernenmüssen. IhmselbsthättendieÜbungensovielFreudegemacht, dasserauchversuchthabe, rückwärtszusprechen. Aberdabeiseinichtvielherausgekommen.

ÜBEN

Thementests

Lass dir die Texte diktieren und verbessere anschließend deine Fehler. Du kannst auch Eigendiktate durchführen.

Das Brotbacken |

Schon immer hat es mich brennend interessiert, | wie man Brot backen kann. | Nun hat sich meine Mutter endlich überreden lassen | und wir haben uns ein uraltes Backrezept besorgt: | Brot mit Sauerteig. |

Hierzu benötigt man | ein großes Gefäß aus Kunststoff und Roggenmehl. | Dieses wird so lange mit Wasser vermischt, | bis es einen flüssigen Teig gibt. | Den Teig lässt man an einem gleichmäßig warmen Ort stehen | und gibt täglich dieselbe Menge | an Mehl und Wasser hinzu. | Nach drei Tagen endlich, | wenn der Teig bereits anfängt etwas zu riechen | und Blasen zu werfen, | kann man ihn backen. | Nachdem er mit Salz und Mehl vermengt wird, | knetet man ihn durch | und gibt ihn in eine Backform. | Dann muss er nochmals | einige Stunden ruhen. | Wenn der Teig schön groß geworden ist, | schiebt man die Form in den siedend heißen Backofen, | und nach einer Stunde | kann man das fertige Brot wieder herausziehen. |

Wir haben es ausprobiert | und meine ganze Familie war so begeistert, | dass wir nun öfter ans Brotbacken gehen.

(166 Wörter)

Irgendjemand |

Irgendjemand hat doch | immer irgendetwas zu motzen. | Neulich waren wir im Urlaub: | hellgelber Sandstrand, so weit das Auge reicht, | und was sagt mein Bruder? | „Hier gibt es gar keine Pommesbude!“ | Kaum sind wir wieder zu Hause angekommen, | allerschönstes Wetter, | die Ferien dauern noch einige Wochen, | jeden Tag kann man lange im Bett liegen bleiben – | was jammert meine dauergenervte Freundin? | „Mir ist so langweilig! | Kann denn nicht die Schule wieder losgehen?“ | Beginnt dann aber die Schule wieder, | dann sagt sie: | „Jeden Tag das frühe Aufstehen, | ich brauche dringend Ferien!" | So viel Unmut ist einfach nicht zu glauben. |

Falls ihr auch zu den Menschen gehört, | die viel zu jammern haben, | dann lasst euch gesagt sein: | Eure friedliebenden Mitmenschen werden irgendwann | sehr genervt von euch sein. | Verderbt ihnen nicht die Laune, | sondern versucht, | das Schöne am Tag zu sehen: | die hell leuchtende* Sonne, | das kuschelig wärmende Kaminfeuer, | das niedlich hoppelnde Kaninchen, die mondbeschienene Landschaft. | Und bald werdet ihr feststellen: | Das Leben ist im Grunde genommen wunderschön.

** auch:* hellleuchtende (164 Wörter)

Die 68er-Bewegung |

Unter der 68er-Bewegung | versteht man verschiedene Studentenbewegungen, | die seit Mitte der 60er-Jahre | stattgefunden haben. | Insbesondere in den USA | gab es zu dieser Zeit viel Widerstand gegen den Krieg | und Unruhen wegen der Ermordung | des Bürgerrechtlers Martin Luther King. |

Als 68er-Generation | werden allgemein die Menschen bezeichnet, | die in den Jahren zwischen 1940 und 1950 | geboren wurden, | da diese im Jahr 1968 | zu den 18-Jährigen bis 28-Jährigen gehörten | und stark | von der Bewegung beeinflusst waren. | Diese jungen Menschen lehnten sich auch | gegen ihre Eltern und Lehrer auf, | weil diese vom Leben andere Vorstellungen hatten | als sie selbst. | Für junge Leute | waren diese Vorstellungen | staubtrocken und altmodisch. |

1968 passierte aber auch noch | etwas anderes: | Das Albert-Schweitzer-Denkmal in Weimar | wurde in diesem Jahr enthüllt. | Da der bekannte Urwaldarzt ein Goethekenner* war, | wurde beschlossen, | ihm in der Stadt, | in der Goethe gelebt hatte, | ein Denkmal zu setzen. | In Weimar gibt es außerdem noch | ein Herderdenkmal* sowie natürlich das Goethehaus*.

** auch:* Goethe-Kenner, Herder-Denkmal, Goethe-Haus (159 Wörter)

6 Zeichensetzung und wörtliche Rede

6.1 Zeichensetzung

Satzschlusszeichen

Jeder Satz wird in der Regel durch ein **Satzschlusszeichen** beendet. Dadurch werden Texte überschaubarer und leichter lesbar.	
Am Ende eines vollständigen Satzes, der mindestens ein Prädikat und ein Subjekt enthält, steht ein **Punkt.** Der nachfolgende Satz beginnt dann wieder mit einem Großbuchstaben. *Aber:* Überschriften enden nie mit einem Punkt!	Sabine läuft durch den Wald**.** Elke rennt mit ihr**.** Haralds schönster Tag
Ein **Ausrufezeichen** setzt man bei ▪ Ausrufen, ▪ Aufforderungen, ▪ Befehlen, ▪ Anreden. Auch besonders wichtige Aussagen kann man durch ein Ausrufezeichen markieren.	Oh nein**!** Gib mir bitte dein Buch**!** Kevin, komm sofort vom Baum herunter**!** Sehr geehrter Herr Studienrat**!** Heute ist mein Glückstag**!**
Ein Fragesatz endet mit einem **Fragezeichen.** ▪ Es gibt Fragesätze, die mit einem Fragewort (*wer? wie? was?* usw.) beginnen, das sind die sogenannten **Ergänzungsfragen**. ▪ Bei den **Entscheidungsfragen** steht die konjugierte Verbform an erster Stelle, man kann mit „ja“ oder „nein“ antworten.	**Wer** ist dieser Mann da drüben**?** **Wie** viel Uhr ist es**?** **Wann** treffen wir uns heute**?** **Kannst** du heute zu mir kommen**?** **Hast** du schlechte Laune**?**

WISSEN

Komma zwischen Haupt- und Nebensatz

Ein **Nebensatz** wird durch ein Komma vom Hauptsatz abgetrennt.
Daran erkennt man Nebensätze:
- Die Personalform des Verbs steht an letzter Stelle.
- Sie können nicht alleine stehen.
- In der Regel beginnen sie mit einer Konjunktion (*obwohl, weil, wenn* ...).

Ist ein Nebensatz in den Hauptsatz eingeschoben, dann muss man zwei Kommas setzen.

Heute Abend darf ich länger aufbleiben, **weil morgen keine Schule ist.**

Da ich heute Geburtstag habe, muss ich keine Hausaufgaben machen.

Ich muss**, weil ich Geburtstag habe,** keine Hausaufgaben machen.

Komma bei Aufzählungen

Das Komma **trennt** Wörter und Wortgruppen einer Aufzählung voneinander.

Auf dem Schulfest gab es Würstchen**,** Pommes**,** Pizza**,** Salat**,** Ofenkartoffeln.

Achtung: **Kein Komma** steht, wenn diese Wörter und Wortgruppen durch Konjunktionen wie ***und, sowie*** bzw. ***oder*** miteinander verbunden sind.

Auf dem Schulfest gab es Würstchen**,** Pommes**,** Pizza **sowie** Salat **und** Ofenkartoffeln.

Aber: **Ein Komma** steht bei den entgegenstellenden Konjunktionen ***aber, doch, jedoch, sondern.***

Auf dem Schulfest gab es zwar keine Würstchen und Pommes**, aber** Pizza.

Der erweiterte Infinitiv

Bei einer **Infinitivgruppe** steht ein Komma,
- wenn sie mit ***als, (an)statt, außer, ohne*** oder ***um*** eingeleitet wird,
- wenn sie von einem Substantiv abhängt,
- wenn sie durch ein hinweisendes Wort **angekündigt** oder **wieder aufgenommen** wird.

In allen anderen Fällen muss man kein Komma setzen, es darf aber stehen, um den Satz deutlicher zu gliedern oder um Missverständnisse auszuschließen.

Ich werde heute nichts anderes tun**, als** das Buch zu Ende zu lesen.
Er hatte den **Plan,** morgen abzureisen.
Es war keine gute Idee**,** ihm eine Abfuhr zu erteilen. – In der Sonne zu liegen**, das** gefiel ihnen.

Wir empfehlen, der Lehrerin zu folgen.
Wir empfehlen der Lehrerin, zu folgen.

ÜBUNG 1 **Setze im Text die fehlenden Satzschlusszeichen.**

Gullivers Reise nach Liliput (nach Jonathan Swift)

Das Schiff fuhr nach Ostindien und ich hatte als Arzt nicht viel zu tun ___ Doch eines Nachts gerieten wir in einen fürchterlichen Sturm ___ Welch ein Unwetter zog über uns her ___ Nach mehreren Tagen Kampf gegen die Naturgewalten zerbrach die „Antilope“ und versank ___ Was sollte jetzt aus mir werden ___ Ich trieb ohne Hoffnung auf Rettung allein auf den Wellen durch die dunkle Nacht ___ Da, plötzlich fühlte ich Grund unter meinen Füßen ___ Wo war ich ___ Ich stolperte durch den nassen Sand und betrat festen Boden ___ Nirgends sah ich Zeichen menschlichen Lebens ___ Nun, fürs Erste war ich gerettet ___ Beruhigt schlief ich ein ___

Am nächsten Morgen wollte ich mich wohlig in der warmen Sonne räkeln ___ Doch was war das ___ Ich konnte mich nicht bewegen ___ Jetzt wollte ich mich aufsetzen ___ Es misslang ___ Noch nicht einmal den Kopf konnte ich bewegen ___ Was war in der Nacht geschehen ___

Mit langsamen Bewegungen versuchte ich, den Kopf aus seiner seltsamen Starre zu befreien ___ Nach Verlust mehrerer Haare konnte ich den Kopf wenigstens so weit bewegen, dass ich an mir herunterschauen konnte ___ Ich war von Kopf bis Fuß gefesselt ___ Doch wer hatte dieses Kunststück vollbracht ___

ÜBUNG 2 **Stelle zu den Antworten die passende Frage.**

1. Liest du das Buch „Pippi Langstrumpf“?

   Ja, ich lese momentan das Buch „Pippi Langstrumpf“.

2. Wann

   Ich komme gegen drei Uhr.

3. ___

   Das ist unser Lehrer Herr Schröder.

4. ___

   Nein, ich schlafe noch nicht.

ÜBUNG 3 **Finde im Wortspeicher die passenden Wörter und Wortgruppen und setze sie in den Satz ein. Achte hierbei auf die richtige Kommasetzung.**

Apfelsaft – ~~blau~~ – Deutsch – Englisch – einen Bastelkurs buchen – einen Bauernhof besuchen – essen Bananen – ~~gelb~~ – Gedichte vortragen – Geschenke auspacken – heiße Milch mit Schokolade – Kirschsaft – klettern – Mathematik – musizieren – Orangensaft – ~~rot~~ – singen – springen – wandern gehen

1. Gefällt dir blau , rot oder gelb für das Matheheft besser?
2. Heute stehen ______ ______ und ______ auf dem Stundenplan.
3. Anna trinkt alles: ______ ______ und ______ sowie ______ .
4. Die Affen im Zoo ______ ______ und ______ .
5. An Weihnachten werden wir ebenso ______ ______ und ______ ______ wie auch ______ .
6. Im Urlaub können wir ______ ______ oder ______ .

ÜBUNG 4 **Überlege dir eigene Aufzählungen. Setze das Komma richtig und verbinde die letzten Wörter oder Wortgruppen mit einer Konjunktion.**

1. Im Spaßbad können wir ______
2. Bei der Auswahl der Bücher entscheiden wir uns zwischen ______
3. Diese Eissorten mag ich am liebsten: ______

ÜBEN

WISSEN

Aufzählung von Adjektiven
Bildet das letzte Adjektiv mit dem Substantiv eine Art Gesamtbegriff, dann bezieht sich das erste Adjektiv auf das Ganze und es steht kein Komma.

Ich spiele gern mit der alten elektrischen Eisenbahn.

ÜBUNG 5 **Komma oder nicht? Setze es, falls nötig.**

1. Gib mir bitte das kleine ☐ rote Heft, nicht das große ☐ rote Heft.
2. Wir hätten gerne rote ☐ blaue ☐ und gelbe Heftumschläge, nicht grüne ☐ und weiße.
3. Wir nehmen besser den neuen ☐ großen Schlitten mit, nicht den alten ☐ großen Schlitten.
4. Ich entscheide mich für den jungen ☐ holländischen Käse. Dieser schmeckt sicher besser als der alte ☐ holländische Käse.

ÜBUNG 6 **Verbinde jeweils den Hauptsatz mit dem passenden Nebensatz. Schreibe die Sätze dann in dein Heft. Denke hierbei an die Zeichensetzung!**

Peter will eine CD hören	zumal der CD-Player gestern noch funktionierte
Er ärgert sich darüber	dass seine Mutter sich die Ohren zuhält
Sicher hat sein Bruder den CD-Player kaputt gemacht	aber sein CD-Player ist kaputt
Peter ruft so laut nach ihm	weil dieser heute sehr freundlich zu ihm war

ÜBEN

ÜBUNG 7 **Ergänze die Sätze, indem du dir jeweils einen passenden Nebensatz überlegst. Markiere danach das Komma und die Konjunktion.**

1. Das Wetter gefällt mir , weil
2. Ich verlasse das Haus, sobald
3. Ich denke, dass
4. Heute esse ich keine Süßigkeiten, obwohl
5. Ich stehe morgens früh auf, wenn

ÜBUNG 8 **Setze die passenden Konjunktionen aus dem Wortspeicher in die Sprechblasen ein.**

da – damit – obwohl – weil

1.

2.

3.

4.

ÜBUNG 9 **Stelle die Sätze aus Übung 8 zweimal um, sodass der Nebensatz immer an anderer Stelle steht. Denke dabei an die Kommasetzung.**

Satz 1: Weil / Da ich Hunger habe, schmeckt mir das Essen heute richtig gut. Heute schmeckt mir das Essen, weil / da ich Hunger habe, richtig gut.

Satz 2:

Satz 3:

Satz 4:

WISSEN

Relativsatz
Der Relativsatz ist ein Nebensatz, der durch ein Relativpronomen (z. B *der, die, das, wer, was*) eingeleitet wird. Das Relativpronomen stellt eine Beziehung zu einem Wort (oft einem Substantiv) im übergeordneten Satz her.

Das Fahrrad**, das dort steht,** gehört mir.
Ich schenke dir die Kette**, die dir so gut gefällt.**
Das ist der Lehrer**, der am meisten nervt.**
Das Einzige**, was mich an der Schule stört,** sind die Hausaufgaben.

ÜBUNG 10 **Setze jeweils das passende Relativpronomen ein. Markiere dann die Kommas.**

1. Der Leguan, ______ aus Südamerika kommt, ist eine Echse.
2. Ich mag den Regen, ______ an heißen Sommertagen manchmal fällt.
3. Das Diktat, ______ wir geschrieben haben, war nicht so schwer.
4. Sie fuhr in einer Hochzeitskutsche, ______ schwarz angestrichen war.

ÜBEN

WISSEN

Hauptsatz + Hauptsatz
Auch zwei Hauptsätze werden durch ein **Komma** voneinander getrennt.
Sind die Sätze mit einer **anreihenden Konjunktion** *(und, oder, sowohl ... als auch)* verbunden, muss kein Komma stehen, man darf es aber setzen.
Sind die Sätze mit einer **entgegensetzenden Konjunktion** *(aber, doch, jedoch ...)* verbunden, muss man ein Komma setzen.

Ich lese gerne Märchen**,** sie sind sehr unterhaltsam.

Ich lese gerne Märchen**(,) und** ich mag Fantasyromane, die spannend sind.

Ich lese gerne Märchen**, aber** Fabeln mag ich nicht.

ÜBUNG 11 **Setze alle notwendigen Kommas. Kann-Kommas kannst du einklammern.**

1. Am Freitag machen wir in der Schule eine Lesenacht ich freue mich schon sehr darauf.
2. Jeder soll sein Lieblingsbuch mitbringen und wir stellen es dann der Klasse vor.
3. Eigentlich ist mein Lieblingsbuch „Emil und die Detektive" aber das werde ich nicht vorstellen.
4. Manche Schüler finden das Buch kindisch ich will mich nicht blamieren.

ÜBUNG 12 **Begründe, weshalb in den Sätzen mit erweitertem Infinitiv jeweils ein Komma gesetzt werden muss.**

1. Er war gekommen, um sein Geschenk abzuholen.
   Begründung: Infinitivgruppe wird mit „um" eingeleitet.
2. Sie hat die Aufgabe, ihrer Oma zu helfen.
   Begründung:
3. Ich habe sie dafür eingestellt, ein Auge auf die Kunden zu haben.
   Begründung:
4. Die Hausaufgaben ordentlich zu machen, das hatte er sich fest vorgenommen.
   Begründung:

6.2 Wörtliche Rede und Anführungszeichen

Die wörtliche Rede wird in **Anführungszeichen** gesetzt.	**„**Kann ich bitte den Zucker haben?**“**
Wenn zur wörtlichen Rede ein sogenannter **Redebegleitsatz** kommt, dann werden weitere Satzzeichen (Komma oder Doppelpunkt) hinzugefügt. Dieser Begleitsatz kann ■ der wörtlichen Rede vorausgehen, ■ der wörtlichen Rede nachfolgen, ■ in die wörtliche Rede eingeschoben sein.	 Er fragte: „Kann ich bitte mitkommen?“ „Kann ich bitte mitkommen?“, **fragte er.** „Kann ich“, **fragte er,** „bitte mitkommen?“
Wenn der Redebegleitsatz **vorausgeht,** dann leitet er die wörtliche Rede mit einem **Doppelpunkt** ein. Wenn der Redebegleitsatz der wörtlichen Rede **nachfolgt**, wird er durch ein **Komma** abgetrennt. *Achtung:* Dann entfällt der Schlusspunkt in der wörtlichen Rede. Ein **eingeschobener** Redebegleitsatz wird in Kommas eingeschlossen. Dann haben alle Teile der wörtlichen Rede am Anfang und am Ende Anführungszeichen.	Der Lehrer schimpfte**:** „Mehr als die Hälfte der Klasse hat keine Hausaufgaben gemacht!“ „Ich hole dich morgen Mittag ab“**,** versprach Julia ihrer Freundin. „Bitte“**,** flehte sie ihn an**,** „lass mich nicht alleine zu dem Fest gehen.“
Wenn zur wörtlichen Rede ein **Frage- oder Ausrufezeichen** gehört, dann steht es vor dem abschließenden Anführungszeichen.	„Wie geht es dir**?**“, fragte sie. „Super**!**“, antwortete sie.
Anführungszeichen stehen außerdem vor und hinter ■ **Sprichwörtern** sowie Äußerungen und Textstellen, die **wörtlich wiedergegeben** sind, ■ **Überschriften** und **Titeln**, ■ Wörtern, die **ironisch** gemeint sind.	 Ein Sprichwort von Kierkegaard lautet **„**Das Vergleichen ist das Ende des Glücks und der Anfang der Unzufriedenheit.**“** Das Buch heißt **„**Der Weg zum Glück**“.** Das sieht ja wirklich **„**toll**“** aus ...

WISSEN

ÜBUNG 13 **Unterstreiche jeweils den Redebegleitsatz mit roter Farbe.**

1. „Puh, ist das warm hier!“, stöhnte Harald.
2. „Ich denke“, begann er, „dass wir diesen Plan fortführen sollten.“
3. Die Mutter fragte: „Ist das alles oder brauchst du sonst noch etwas?“
4. Erstaunt stellte sie fest: „Ihr habt euch ja richtig Mühe gegeben!“
5. „Was soll das?“, fragte die Oma empört. „Sind wir etwa bei den Hottentotten?“

ÜBUNG 14 **Forme die Sätze zweimal so um, dass der Redebegleitsatz je einmal am Anfang, in der Mitte und am Ende steht.**

1. „Leider“, begann die Mutter zögernd, „können wir am Wochenende nicht ins Schwimmbad gehen.

   Die Mutter begann zögernd: „Leider

2. Der Rektor sagte: „Ihr zwei kommt mit mir.“

3. „Seht ihr die Sterne am Himmel?“, fragte Oma und zeigte nach oben.

4. Rolf plusterte sich auf: „Ich behaupte, dass das keine gute Idee ist!“

5. „Ich finde, dass du traurig aussiehst“, stellte die Mutter besorgt fest.

ÜBUNG 15 **Setze in dem Text von Wilhelm Busch die fehlenden Anführungszeichen.**

Helenchen wächst und wird gescheit
und trägt bereits ein langes Kleid.
Na, Lene! Hast du's schon vernommen?
Der Vetter Franz ist angekommen.
So sprach die Tante früh um achte,
indem sie grade Kaffee machte.
Und hörst du, sei fein hübsch manierlich
und zeige dich nicht ungebührlich.

Ei!, denkt Helene, schläft er noch?
Und schaut auch schon durchs Schlüsselloch.
Der Franz, ermüdet von der Reise,
liegt tief versteckt im Bettgehäuse.
Ah, ja ja jam!, so gähnt er eben.
Es wird wohl Zeit, sich zu erheben.

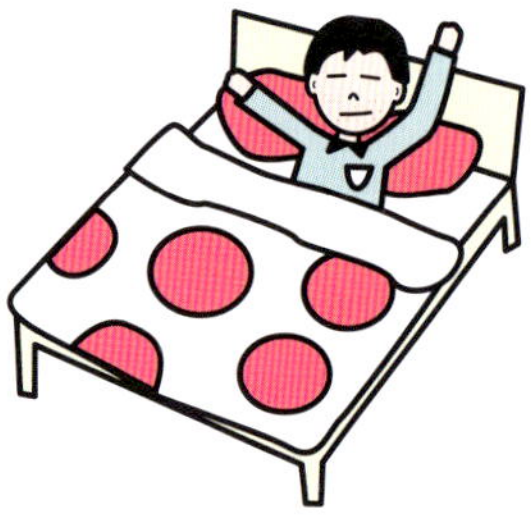

ÜBUNG 16 **Setze die Sprichwörter, Überschriften und Titel aus dem Wortkasten richtig in die Sätze ein. Denke an die fehlenden Anführungszeichen.**

Abgemacht ist abgemacht! – Die Weiber von Weinsberg – Harry Potter – Irren ist menschlich

1. Das Buch ________ ist ein bekannter Fantasyroman.
2. Das Sprichwort ________ bedeutet, dass man sich an Verabredetes halten muss.
3. In der Sage ________ geht es um kluge Frauen, die mit einer List ihre Männer retten.
4. Dass man immer Fehler machen kann, besagt das Sprichwort ________.

ÜBEN

ÜBUNG 17 **Setze die passenden Redebegleitsätze aus dem Wortspeicher ein und setze alle fehlenden Satzzeichen.**

befahl der Lehrer dem kleinen Hans - Erstaunt fragte Miriam - begann Vater langsam - Lisa sah zu Boden und flüsterte - verteidigte sich Robin sofort

1. ______________ Wo ist bloß meine blaue Hose geblieben?
2. Komm sofort her zu mir! ______________
3. Ich bin der Meinung ______________ dass wir in diesem Jahr keinen Urlaub machen sollten.
4. Ich war das nicht! ______________
5. ______________ Das darf ich eigentlich nicht sagen.

WISSEN

Zeichensetzung bei indirekter Rede
Eine wörtliche Rede kann auch in indirekte Rede umgewandelt werden. Dann entfallen die Anführungszeichen sowie die Ausrufe- und Fragezeichen. Die indirekte Rede wird immer durch ein Komma vom Begleitsatz getrennt.

Er sagte: „Ich bin müde."
Er sagte, er sei müde / dass er müde sei.
Janina fragte ihre Freundin: „Treffen wir uns heute?"
Janina fragte ihre Freundin, ob sie sich heute träfen / treffen würden.

ÜBUNG 18 **Setze die fehlenden Satzzeichen bei der direkten und der indirekten Rede.**

1. Peter erklärte Das kann ich leider nicht tun
   Peter erklärte dass er das leider nicht tun könne
2. Oma sagt Heute muss ich zum Augenarzt
   Oma sagt dass sie heute zum Augenarzt müsse
3. Der Lehrer fragt Wer kann mir die Frage beantworten
   Der Lehrer fragt wer ihm die Frage beantworten könne

ÜBEN

Thementests

Lass dir die Texte ohne Satzzeichen diktieren und verbessere anschließend deine Fehler. Du kannst auch Eigendiktate durchführen. Achte besonders auf die Zeichensetzung!

■ Der große Flohmarkt |

Einmal im Jahr | findet an der Schule | ein großer Flohmarkt statt. |

Die Klasse 5 verkauft die Getränke. | Es gibt Limonade, | Apfelsaft, Orangensaft | und Mineralwasser. | Die 6. Klasse hat in diesem Jahr | einen Bücherstand. | Sie bietet alte Romane, | Sachbücher, Krimis | und sogar Bilderbücher an. | Die Cafeteria wird von der 7. Klasse bewirtet. | Was es da alles gibt! | Sahnetorten, Obstkuchen, | Rührkuchen und Hefekuchen. | Außerdem kann man Kaffee, Tee | und auch heiße Schokolade bekommen. | Die Schüler der 8. Klasse | haben alte, aber noch gut erhaltene | Kleider mitgebracht, | die nun verkauft werden. | Da ist etwas los! |

„Sieh mal!“, | schreit Sabine schon | durch die große Halle. | „Solch ein Glitzerhemd wollte ich schon immer mal haben!“ | Jubelnd fällt sie ihrer Freundin | um den Hals. | Die 9. Klasse bietet Gegenstände an, | die sie selbst gebastelt hat. | Es gibt Bilderrahmen, Kerzenständer | und schöne getöpferte Vasen. |

Am Ende des langen Tages | wurde fast alles verkauft. | Schüler und Lehrer sind erschöpft, | aber glücklich und zufrieden.

(158 Wörter)

■ Was du heute kannst besorgen |

Ein bekanntes Sprichwort lautet: | „Was du heute kannst besorgen, | das verschiebe nicht auf morgen.“ | Wenn das nur so einfach wäre! |

Am Anfang dieser Woche | sagte meine Mutter zu mir: | „Kind“, | sagte sie, | „du musst in dieser Woche noch | deine Bücher in der Bibliothek abgeben. | Geh doch am besten sofort!“ |

Aber an diesem Tag | hatte ich keine Lust. | Deshalb antwortete ich: | „Heute habe ich leider | überhaupt keine Zeit.“ | Dabei konnte ich ihr nicht | in die Augen schauen. | „Ich verspreche dir, | ich gebe sie morgen ab.“ |

Doch am nächsten Tag fragte mich Robin, | ob wir etwas zusammen unternehmen würden. | Das konnte ich natürlich nicht ablehnen. | Und am Mittwoch hatten wir so viel Nachmittagsunterricht, | dass ich danach ganz erschöpft war. | Am Donnerstag regnete es. | Heute aber schien die Sonne. | Ich schnappte meine Bücher, | stieg aufs Fahrrad | und radelte zur Bücherei. | Dort stand ich vor dem Schild „Geschlossen“. | Dass die Bücherei am Freitagnachmittag nicht geöffnet hat, | hatte ich völlig vergessen.

(161 Wörter)

Die Scherzfrage |

„Ich kenne eine tolle Scherzfrage!“, | rief der kleine Willi durchs Klassenzimmer. |

„Und?“, | fragte Alina. | „Also“, | begann der kleine Willi, | „welcher König regiert kein Land?“ | Die Schüler schauten sich an. | „Keine Ahnung“, | rief der schnelle Ralf, | „sag es uns!“ | Willi schaute kurz in die Runde. | Als er sah, | dass seine Klassenkameraden nur mit den Schultern zuckten, | gab er die Lösung preis: | „Der Zaunkönig!“ | „Was ist das denn für ein König?“, | fragte Jonas. | „Dieses Wort habe ich ja noch nie gehört!“ |

In diesem Moment | betrat Herr Hauser das Zimmer. | „Setzt euch bitte schnell auf eure Plätze!“ | , sagte er mit fester Stimme. | Tina meldete sich. | „Herr Hauser“, | begann sie, | „was ist ein Zaunkönig?“ | Herr Hauser meinte: | „Das gehört zwar nicht zum Thema, | aber ich freue mich ja immer, | wenn einer meiner Schüler etwas fragt.“ | Er sah sich in der Klasse um. | „Ein Zaunkönig ist ein sehr kleiner Vogel, | der selbst im Winter | unheimlich schön singt.“ |

„Ach so!“, | sagte Tina und lachte. | „Jetzt habe ich es auch kapiert!“

(166 Wörter)

7

Fremdwörter und Silbentrennung

7.1 Fremdwörter aus dem Englischen und dem Französischen

Im Deutschen gibt es viele Wörter, die ursprünglich aus anderen Sprachen stammen, sogenannte **Fremdwörter**.	Sandwich – Ingenieur – Cappuccino
Fremdwörter werden oft ganz anders geschrieben als gesprochen. Manche Wörter sollte man sich deshalb gut einprägen.	Bo**w**le – c**oo**l – F**ai**rness – **J**eans – Mass**eur**
Wenn Fremdwörter oft verwendet werden, dann gleicht sich ihre Schreibweise manchmal an die deutsche an.	B**ureau** – B**ü**ro **Ph**oto – **F**oto N**ou**gat – N**u**gat
Fremdwörter aus dem **Englischen** und **Amerikanischen** stammen oft aus den Bereichen Jugend, Sport und Technik. Für ihre Schreibung gilt:	Teenager – Volleyball – Joystick
■ Was wie ein **langes i** klingt, wird oft **ee** oder **ea** geschrieben.	M**ee**ting – Fr**ea**k
■ Was wie ein **ei** klingt, wird häufig als **y** oder als **i** geschrieben.	Rec**y**cling – Des**i**gn
Fremdwörter aus dem **Französischen** stammen häufig aus den Bereichen Mode, Kultur und Gastronomie. Für ihre Schreibung gilt:	
■ Was wie ein deutsches **u** klingt, wird meistens **ou** geschrieben.	Jal**ou**sie – T**ou**rist
■ Was ähnlich wie ein deutsch **ä** klingt, wird **ai** geschrieben.	Pal**ai**s – S**ai**son
■ Was wie ein deutsches **lj** oder **ij** klingt, wird **ill** geschrieben.	Ta**ill**e – Meda**ill**e
■ Was wie ein deutsches **ö** klingt, schreibt man **eu**.	Ingeni**eu**r – Kontroll**eu**r
■ Was wie ein [ʒ] gesprochen wird, schreibt man vor **e** oder **i** als **g**.	Mane**g**e – Passa**g**ier

WISSEN

ÜBUNG 1 **Ordne den Bildern durch Pfeile die richtige Umschreibung zu und notiere das passende Fremdwort.**

1

2

3

zwei mit Wurst, Ei, Käse usw. belegte Scheiben Weißbrot

geländegängiges Fahrzeug mit Allradantrieb

Spaßmacher, besonders im Zirkus

ÜBUNG 2 **Gesucht sind weitere Fremdwörter aus dem Englischen / Amerikanischen. Setze die Silben aus dem Wortspeicher zusammen und schreibe das Fremdwort mit Artikel jeweils neben seine Bedeutung.**

boy – Break – ~~by~~ – cast – Cham – Ci – Cow – dance – dog – Down – High – ~~Hob~~ – Hot – Jet – Joy – lag – light – load – on – pi – Pod – stick – ty

1. Eine Freizeitbeschäftigung: das Hobby
2. Weiches Brötchen mit Würstchen drin:
3. Innenstadt:
4. Berittener amerikanischer Rinderhirt:
5. Steuerhebel für Computerspiele:
6. Meister in einer Sportart:
7. Höhepunkt:
8. Radiobeitrag als Audiodatei aus dem Internet :
9. Bestimmte Tanzform, oft auf Hip-Hop:
10. Das Herunterladen von Daten auf einen Computer:
11. Störung des biologischen Rhythmus aufgrund einer Zeitverschiebung:

ÜBUNG 3 **Gesucht sind Fremdwörter aus dem Englischen aus verschiedenen Bereichen. Setze die fehlenden Buchstaben ein.**

1. Fremdwörter aus dem Bereich Jugend:

ch _ ll _ n   die P _ rt _

die Je _ _ s

2. Fremdwörter aus dem Bereich Sport:

das T _ am   das Tr _ _ ni _ g

das M _ _ nta _ _ bi _ e   das Fo _ l

die Fa _ rne _ _   das Bod _ buil _ _ _ g

3. Fremdwörter aus dem Bereich Technik:

das De _ _ gn   der Co _ _ _ ter

der / das Do _ nl _ _ d

ÜBUNG 4 **Löse das Kammrätsel. Gesucht sind Fremdwörter aus dem Französischen mit *ou*.**

1 _ O U _ _ _
2 _ O U _ _ Q U _
3 _ O U _
4 _ O U _ _ _ _
5 B O U _ _
6 _ _ _ O U _ _ _
7 _ _ _ _ O U _ _
8 B O U _ _ V _ _ _

1. Schaumartige Süßspeise, oft aus Schokolade oder Vanille
2. Ein kleiner Laden, in dem man die neueste Mode kaufen kann
3. Ein kleiner Ausflug
4. Jemand, der ein fremdes Land oder eine fremde Stadt besucht
5. Französisches Kugelspiel
6. Damit kann man die Fenster verdunkeln (eine Art Rolladen)
7. Hindernisbahn, oft beim Pferderennen
8. Eine sehr schöne, breite Straße

ÜBEN

ÜBUNG 5 **Ordne die Fremdwörter aus dem Französischen ihren Bedeutungen zu, indem du sie verbindest.**

Routine	gerolltes Fleisch mit Speck und Zwiebeln
Balance	Stockwerk
Accessoire	viel Erfahrung beim Ausüben einer Tätigkeit
Roulade	Gleichgewicht
Abonnement	modisches Zubehör zur Kleidung
Etage	regelmäßiger Bezug von Zeitungen

ÜBUNG 6 **Welche Fremdwörter aus dem Französischen sind dargestellt? Schreibe ihre Namen auf. Wenn du dir mit der Schreibweise nicht ganz sicher bist, dann sieh im Wörterbuch (z. B. im Duden) nach.**

1

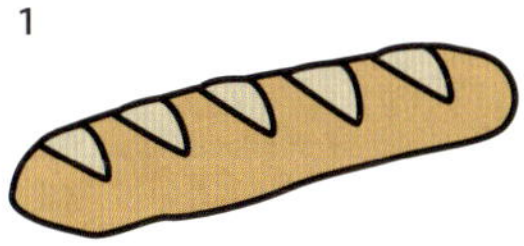

B

2

C

3

J

4

P

5

L

6

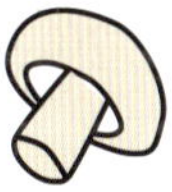

C

ÜBUNG 7 **Setze die Fremdwörter richtig zusammen und schreibe sie auf die Zeile.**

1. Ich gehe gern essen in ein ______________ (Rauestrant).
2. Dieses Gericht aus frischen ______________ (Aubginener), ______________ (Zucinich), Tomaten und Paprika nennt sich ______________ (Rataouitlle).
3. Ich will mein Auto verkaufen und werde eine ______________ (Annocen) aufgeben.

ÜBEN

7.2 Silbentrennung am Zeilenende

Wörter kann man am Zeilenende trennen. In der Regel trennt man sie so, wie sie sich bei langsamem Sprechen in Silben zerlegen lassen (**Sprechsilben**).	Fül-ler Schul-ta-sche Ta-fel-krei-de
Dies gilt prinzipiell auch für Fremdwörter.	Mee-ting Ja-lou-sie
Steht ein einzelner Konsonant (Mitlaut) zwischen zwei Vokalen (Selbstlauten), so kommt er in die nächste Zeile. Stehen mehrere Konsonanten zwischen zwei Vokalen, so steht der letzte von ihnen in der Regel in der folgenden Zeile.	sa-**g**en glau-**b**en Ma-**n**a-**g**er Wet-**t**er Fens-**t**er Part-**n**er
Die Konsonantenverbindungen ***ch, ck*** und ***sch*** werden nicht getrennt. Dasselbe gilt für ***ß*** sowie für ***ph*** und ***th*** in Fremdwörtern.	Be-**ch**er – le-**ck**er – Fla-**sch**e Grü-**ß**e – Phi-lo-so-**ph**ie – Ma-**th**e
Zusammengesetzte Wörter und Wörter mit **Vorsilben** werden nach ihren Bestandteilen getrennt. Manche Wörter gelten nicht mehr als zusammengesetzt und können deshalb auch nach Sprechsilben getrennt werden.	Diens-tag **ver**-reist – **be**-stimmt hi-nauf / hin-auf he-raus / her-aus wa-rum / war-um
Beginnt eine **Nachsilbe** mit einem Vokal, dann nimmt sie bei der Worttrennung den vorhergehenden Konsonanten mit in die nächste Zeile.	Metzge-**r**ei Einla-**d**ung her-**z**ig Lehre-**r**in
Wenn Worttrennungen den Leseablauf stören oder den Wortsinn entstellen, dann sollte man diese meiden. Sie sind jedoch nicht falsch.	*besser:* Spar-gelder *statt:* Spargel-der *besser:* be-inhalten *statt:* bein-halten
Ein **einzelner Vokalbuchstabe** am Wortanfang oder -ende wird nicht abgetrennt. Dasselbe gilt für Teile von Zusammensetzungen, die klar erkennbar sind.	**Ü**ber-see (*nicht:* Ü-ber-see) **O**lym-pi**a**-dorf – Di**a**-show
Im **Wortinneren** darf aber ein einzelner Buchstabe abgetrennt werden, wenn er nicht zu einem erkennbaren Teil einer Zusammensetzung gehört.	po-**e**-tisch The-**a**-ter

WISSEN

ÜBUNG 8 **Schreibe die Verben mit den richtigen Trennungszeichen unter die Bilder.**

1

la-chen

2

3

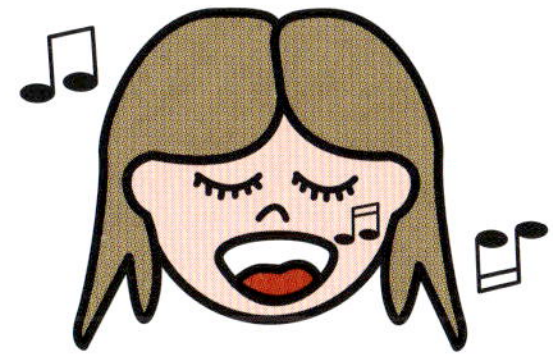

4

5

6

ÜBUNG 9 **Hier sind die Silben verrutscht. Setze die Wörter richtig zusammen und schreibe sie mit ihrem Artikel auf.**

1. Ba–nen–chen–na–ku der Bananenkuchen
2. Bü–schrank–cher
3. lam–Tisch–pe
4. ten–Win–gar–ter
5. ten–Schlit–ren–fah
6. Zu–ge–cker–bäck
7. Phi–so–lo–phie
8. Fuß–schu–ball–he
9. The–a–stück–ter
10. Diens–vor–tag–tag–mit

ÜBUNG 10 **Trenne die folgenden Wörter richtig.**

1. Abendbrot: Abend-brot
2. rascheln:
3. Zucker:
4. berichtigen:
5. Fenster:
6. Biomüll:
7. Rechner:
8. Bauer:
9. Heimweg:
10. Programm:

ÜBUNG 11 **Gesucht sind Wörter mit drei Silben. Löse das Rätsel.**

Bio - chen - di - fon - Gar - ge - gen - Grie - land - ler - lo - Luft - mi - ne - nent - Oran - pel - Pro - pro - Sa - saft - schlös - ser - xo

1. Anderes Wort für *Vorhang:*
2. Antriebsschraube bei Flugzeugen:
3. Blasinstrument aus Metall:
4. Land in Südosteuropa:
5. Träume, Wunschvorstellungen:
6. Sehr bekannt:
7. Jemand, der sich mit Lebewesen beschäftigt:
8. Ein Fruchtgetränk:

ÜBUNG 12 **Welche Buchstaben fehlen im Wortinneren? Setze richtig ein.**

1. die Ei- er -frau
2. die Müll- -ne
3. der Glücks- -ger
4. der Ni- -laus
5. die Schul- -sche
6. das Erd- -ben
7. das Hams- -rad
8. die Tisch- -cke
9. das Ta- -geld
10. der Ent- -cker

ÜBEN

ÜBUNG 13 **Setze die Nachsilben *-ig* bzw. *-isch* ein und trenne die Wörter richtig.**

1. art ig	→	ar-tig	2. geiz	→	
3. blum	→		4. traur	→	
5. italien	→		6. wähler	→	
7. verräter	→		8. mod	→	

ÜBUNG 14 **Wie wurde das Wort besser (leserlicher) getrennt? Kreuze an.**

1. Urinstinkt:	☐ Ur-instinkt	☐ Urin-stinkt
2. aberkennen:	☐ aber-kennen	☐ ab-erkennen
3. Analphabet:	☐ Anal-phabet	☐ An-alphabet
4. vorbauen:	☐ vorbau-en	☐ vor-bauen

ÜBUNG 15 **Trenne alle Wörter in dem Text, indem du vertikale Trennungsstriche (|) setzt.**

Das Reb | huhn und die Hühner (nach Äsop)

Ein Hühnerfreund kaufte ein Rebhuhn, um es in seinem Hof mit seinem anderen Geflügel laufen zu lassen. Doch die Hühner bissen das Rebhuhn und trieben es immer von der Nahrung weg. Das tat dem Tier sehr weh. Das Rebhuhn glaubte, diese Behandlung geschähe ihm recht, weil es ein fremdes Tier sei. Betrübt zog es sich in eine Ecke zurück.

Bald aber sah das Rebhuhn, dass sich die Hühner untereinander genauso bissen. Dies tröstete das Rebhuhn und es sprach zu sich: „Wenn diese schlechten Tiere Feindseligkeiten sogar gegen sich selbst ausüben, dann werde ich wohl eine solche Behandlung gleichgültig ertragen können."

Merke: Geiz und Missgunst sind die größten Feinde des Friedens.

Thementests

Lass dir die Texte diktieren und verbessere anschließend deine Fehler. Du kannst auch Eigendiktate durchführen.

Sport boomt |

Teenager treiben wieder mehr Sport. | Ob Ballett oder Breakdance, | Bodybuilding oder Judo, | alles ist vertreten. | Eltern befürworten | das sportliche Engagement ihrer Sprösslinge. | Sport stärkt zum einen | die körperliche Fitness und das Immunsystem, | zum anderen auch die sozialen Fähigkeiten. |

Bleibt einzig noch die Frage nach dem Dresscode. | Sportanzüge von namhaften Herstellern sind im Trend, | aber sehr teuer. | Wer sich das nicht leisten kann oder will, | greift zu günstigerer Sportbekleidung, | die der anderen im Design oft in nichts nachsteht | und genauso gut funktioniert. |

Dennoch ist die häufigste Freizeitbeschäftigung von Jugendlichen | leider immer noch das Fernsehen | und Spielen mit dem Computer. | Doch auch das Zusammensein und Reden mit anderen, | das gemeinsame Chillen, | ist sehr wichtig. | Vielleicht sollte man gemeinsam Sport treiben?

(120 Wörter)

Im Restaurant ist was los |

Heute ist Hochsaison im Restaurant. | Ein prominenter Gast | feiert seinen Geburtstag, | und alles muss perfekt sein. | Nach dem Aperitif | wird eine Bouillon angeboten. | Zur Hauptspeise können die Gäste | zwischen Raclette und Fondue wählen. | Nach einem leckeren Dessert | mit Mousse und Eis | schließt ein Büfett* mit französischem Käse das Essen. | Die Frau des Jubilars | hat sich in einer exquisiten Boutique | ein modisches Kleid gekauft. | Leider fällt es ihr schwer, | auf den hohen Schuhen | die nötige Balance zu halten. | Der engste Freund der Familie | hat seine Freundin über eine Zeitungsannonce kennengelernt* | und stellt sie nun den Gästen vor. | Endlich nehmen alle Gäste am Tisch Platz | und speisen. | Das Essen schmeckt köstlich | und der Ober trägt das Lob in die Küche.

* *auch:* Buffet, kennen gelernt

(123 Wörter)

Abschlusstest

AUFGABE 1 **Schreibe die Sätze in der richtigen Schreibweise auf.**

1. ICH KANN ES KAUM GLAUBEN: DU BIST WIRKLICH HIER!

2. DAS GEHEIMNIS MEINES REICHTUMS IST HARTE ARBEIT.

3. EINE SPEZIALITÄT AUS BADEN-WÜRTTEMBERG IST DER SCHWARZWÄLDER SCHINKEN.

AUFGABE 2 **Setze die Anfangsbuchstaben richtig ein.**

Jeden orgen habe ich große Probleme mit dem Aufstehen. Meine Mutter sagt, ich solle bends früher ins Bett gehen. Doch am bend bin ich einfach nicht müde! Ich könnte bis achts wach bleiben und orgens dann bis zum ormittag im Bett liegen. Aber ich muss ja zur Schule! Das Leben ist ungerecht!

AUFGABE 3 ***i*, *ie* oder *ieh*? Setze richtig ein.**

1. die Z ge	2. z en	3. der T ger	4. die W se
5. das V	6. das Krokod l	7. das W sel	8. er s t
9. der B ber	10. die L ge	11. es gesch t	12. das Benz n

AUFGABE 4 **Streiche das falsch geschriebene Wort durch.**

1. Trommel / Tromel	2. Schatz / Schaz	3. Blumme / Blume
4. Kanne / Kane	5. Henckel / Henkel	6. Kertze / Kerze
7. Lumppen / Lumpen	8. Karamell / Karamel	9. Pfarrer / Pfarer

AUFGABE 5 ***Ur- / ur-*** **oder** ***Uhr(-)*****? Setze richtig ein.**

1. Der zeiger deiner ist kaputt!
2. Der „ sprung der Welt" ist der Name eines Gemäldes.
3. Gestern haben wir die aufführung eines Theaterstückes besucht.
4. Kannst du mir bitte die zeit sagen?

AUFGABE 6 **Groß oder klein? Kreise das richtige Wort ein.**

1. Das rot / Rot gefällt mir besser als das grün / Grün.
2. Ich mag rote / Rote Shirts lieber als grüne / Grüne.
3. Gestern Nacht fiel mir das einschlafen / Einschlafen im dunkeln / Dunkeln sehr schwer.

AUFGABE 7 ***s, ss*** **oder** ***ß*****? Setze richtig ein.**

1. zwei Kürbi e
2. gie en
3. die Fer e
4. das Vermächtni
5. hä lich
6. der Schu

AUFGABE 8 **Setze die Wörter aus dem Wortspeicher richtig ein.**

Maße – Masse – Rasen – Rassen

1. Es geht um Qualität, nicht um .
2. Nimmt man von Zucker in erhöhtem zu?
3. Hunde unterteilt man in verschiedene .
4. Heute muss ich den mähen.

AUFGABE 9 ***das*** **oder** ***dass*****? Streiche das falsche Wort durch.**

1. Ich denke, das / dass wir heute einen Test schreiben.
2. Das / Dass Geschäft, das / dass ich dir zeigen wollte, liegt gleich um die Ecke.
3. Das / Dass es dir wieder besser geht, freut mich sehr.

TESTEN

AUFGABE 10 **Schreibe die Sätze richtig auf.**

1. WirkönntenbadengehenoderTennisspielen.

2. BaldwirddieSonneaufgehen.

3. WirwerdendennochandemWettbewerbteilnehmen,dasganzeSichstreitenbringt dochnichts!

4. IrgendjemandwirdinfolgedesbitterkaltenWetterseineErkältungbekommen.

AUFGABE 11 **Schreibe die Wörter mit Bindestrich auf, falls nötig.**

1. 18jährig
2. 2zeilig
3. die 90er
4. xbeliebig
5. das JohannSebastianBachDenkmal

AUFGABE 12 ***ä / äu* oder *e / eu*? Setze richtig ein.**

1. L se
2. L te
3. st ndig
4. st ts
5. l ten
6. M sse
7. M te
8. l stig

AUFGABE 13 ***F / f*, *V / v* oder *Ph / ph*? Setze richtig ein.**

1. die iloso ie
2. die Lar e
3. pfei en
4. der lur
5. das Al abet
6. reser ieren

AUFGABE 14 ***x*, *ks*, *cks*, *gs* oder *chs*? Setze richtig ein.**

1. der Fu
2. die He e
3. das Fa
4. mitta
5. der Kle

TESTEN

AUFGABE 15 ***Seid / seid*** **oder** ***Seit / seit*****? Setze richtig ein.**

1. zwei Wochen übe ich schon für das Diktat.
2. ihr bereit für das Diktat?
3. Ich merke, ich so viel übe, schreibe ich bessere Noten.

AUFGABE 16 **Streiche das falsche Wort durch.**

1. endgültig / entgültig
2. der Endpreis / der Entpreis
3. brennend / brennent
4. es brennd / es brennt
5. der Praktikand / der Praktikant
6. der Konfirmand / der Konfirmant

AUFGABE 17 **Ergänze im folgenden Text die fehlenden Satzzeichen.**

Die Familie entschließt sich am Sonntag in den Biergarten im Stadtwald zu gehen. Die Oma sagt zufrieden Es ist wunderschön hier im Wald! Außerdem können wir gleich noch auf den Abenteuerspielplatz gehen ruft auch Jana ganz begeistert. Und deine Pommes kannst du hier auch bestellen fügt der Vater hinzu. Die Mutter hält jedoch unmissverständlich fest Mit den Fingern wird hier in der Öffentlichkeit aber nicht gegessen! Jana bekommt ihren Willen und ich gucke in die Röhre reagiert Moritz sauer und er fordert Dann möchte ich aber ein großes Glas Cola. Der Vater lehnt sich zufrieden zurück Ich esse eine Bockwurst mit Kartoffelsalat wie bei einem Picknick. Kinder verkündet die Oma ich lade euch hinterher noch zu einem Eis ein. Willst du uns damit bestechen? fragt Moritz direkt. Und das nur, damit wir morgen deine Erbsensuppe essen? ruft Jana.

AUFGABE 18 **Setze die Kommas, falls nötig.**

1. Morgen werde ich in die Stadt fahren um meine Einkäufe zu erledigen.
2. Wir sind dazu übergegangen an Weihnachten in Urlaub zu fahren.
3. Die Ehre an dem Wettbewerb teilzunehmen weiß ich zu schätzen.

AUFGABE 19 **Unterstreiche jeweils den Nebensatz und setze die Kommas richtig.**

1. Ich freue mich auf morgen weil morgen die Ferien beginnen.
2. Leider können wir nicht wegfahren da mein Vater keinen Urlaub bekommt.
3. Doch wir können uns auch zu Hause eine schöne Zeit machen zumal der Wetterbericht gutes Wetter angesagt hat.

AUFGABE 20 **Füge jeweils ein passendes Relativpronomen ein. Setze dann auch die Kommas.**

1. Die Zeitschrift ich abonniert habe ist sehr interessant.
2. Da kann das Buch ich momentan lese nicht mehr mithalten.
3. Doch die Bücherei ich regelmäßig besuche hat nichts dagegen, das Buch zu verlängern.

AUFGABE 21 **Setze die fehlenden Fremdwörter ein.**

1. Ich sehe gerne Filme über (Coobwys).
2. Das (Higihlght) des Tages war die Zaubershow.
3. Zu meinem Kleid fehlt mir noch das passende (Acceoirsse).
4. Ich liebe Gemüsepfannen mit (Chanomgnpis).

AUFGABE 22 **Trenne die folgenden Wörter richtig.**

1. Computertisch	2. Übersee	3. Theater
4. vertreten	5. vertraulich	6. meckern
7. Geheimhaltung	8. Donnerstag	9. Kuchen
10. Poetik	11. Bilderrahmen	12. Bücherei

Lass dir den Text ohne Satzzeichen diktieren und verbessere anschließend deine Fehler. Du kannst auch ein Eigendiktat durchführen.

Träumereien |

Tim träumt den ganzen Tag. | Oft bekommt er überhaupt nicht mehr mit, | dass er wieder in einem seiner Träume schwebt. | Dann ist er ein Cowboy, | der mit dem Lasso spielend die Kühe einfängt, | ein muskelbepackter Bodyguard, | der eine bekannte Schauspielerin beschützt, | oder ein lustiger Clown, | der in der Zirkusmanege die Zuschauer zum Lachen bringt. |

Wenn seine Mutter merkt, | dass ihr Sohn wieder einmal | in Tagträumereien versunken ist, | sagt sie zu ihm: | „Erde an Tim, | Erde an Tim! | Bitte aufwachen!" |

Auch in der Schule kann es passieren, | dass er sich morgens im Physikunterricht | in einen bekannten Ingenieur verwandelt | oder nachmittags im Sportunterricht in einen Astronauten. | Seine Klassenkameraden lachen dann, | wenn sie sehen, | dass Tim wieder einmal nicht anwesend ist. | Nico, sein bester Freund, | gibt ihm einen Stoß in die Rippen, | um ihn zu wecken. |

Manchmal verdrehen die Mitschüler auch die Augen | über Tims Angewohnheit. | Aber sie wissen, | dass man mit Tim deshalb auch am besten spielen kann. | Wenn sich die Klassenkameraden am Nachmittag treffen, | dann verwandeln sich die Zimmer mithilfe* von Betttüchern* und Decken | in Räuberhöhlen, Theaterkulissen oder mittelalterliche Klöster. | Und die Zeit, | die die Freunde miteinander verbringen, | vergeht wie im Flug. |

Darin sind sich alle einig: | Tim hat die besten Ideen, | und ein Nachmittag mit ihm wird nie langweilig!

**auch:* mit Hilfe, Bett-Tüchern

(210 Wörter)

1 Die Groß- und Kleinschreibung

ÜBUNG 1 S. 6
1. die Weiße Flotte; **2.** die Heilige Brigitta; **3.** der Stille Ozean; **4.** der Heilige Abend; **5.** der Zweite Weltkrieg; **6.** der Technische Direktor; **7.** das Neue Testament; **8.** der Blaue Planet; **9.** die Erste Bundesliga; **10.** der Kalte Krieg

ÜBUNG 2 S. 6
2. das Bedürfnis; **3.** die Erbschaft (*auch:* das Erbe); **4.** die Klugheit; **5.** die Finsternis; **6.** die Tapferkeit; **7.** die Zeichnung; **8.** die Sachlichkeit; **9.** das Rinnsal; **10.** das Geheimnis

ÜBUNG 3 S. 6
1. Finsternis; **2.** Sachlichkeit; **3.** Geheimnis; **4.** Tapferkeit / Klugheit; **5.** Bedürfnis

ÜBUNG 4 S. 7

B	H	M	V	D	K	D	E	K
Z	A	I	C	L	I	N	B	L
I	U	L	Ä	Ö	R	P	E	K
M	S	C	H	Ü	S	S	E	L
M	B	H	G	G	C	X	R	P
E	P	L	G	Y	H	M	E	W
R	H	R	O	H	E	V	N	D
Q	U	U	K	C	N	A	N	L
B	W	E	I	N	K	U	W	W

ÜBUNG 5 S. 7
das Badezimmer, die Blaubeeren, das Hochhaus, die Hüpfburg, der Malblock, der Rotwein, die Sauermilch, die Süßkirschen

ÜBUNG 6 S. 8
1. türkischer Honig; **2.** Schwarzwälder Kirschtorte; **3.** Nürnberger Lebkuchen; **4.** Hamburger Aalsuppe; **5.** Wiener Schnitzel; **6.** Königsberger Klopse
Lösung: Pfälzer Saumagen

ÜBUNG 7 S. 8
2. die Schwarzwälder Kirschtorte; **3.** der / die Nürnberger Lebkuchen; **4.** die Hamburger Fischsuppe; **5.** das Wiener Schnitzel; **6.** die Königsberger Klopse

ÜBUNG 8 S. 10
Liebe Oma, wie geht es **Dir / dir**? ..., es geht **Dir / dir** hervorragend! ... Zeit, **Dir / dir** und Opa ... Was habt **Ihr / ihr Euch / euch** für ... Deshalb schreibe ich **Euch / euch** nämlich auch: ... bei **Euch / euch** Urlaub machen. **Ihr** wisst doch, wie gerne ich bei **Euch / euch** bin. Hättet **Ihr / ihr** Zeit? Viele Grüße **Eure / eure** Babsi

ÜBUNG 9 S. 10
1. Ihrem; **2.** dein; **3.** Sie; **4.** Sie / Ihrem; **5.** euch / ihr

ÜBUNG 10 S. 10
Lösungsvorschlag:
die gebrechliche Frau, der kostspielige Urlaub, die mühsame Arbeit, das schimmlige Brot

ÜBUNG 11 S. 11
Lösungsvorschlag:
Die Gebrechliche kommt schlecht aus dem Bett. Das Kostspielige am Urlaub war das Hotel. Das Mühsame an der Arbeit ist das schwere Tragen. Das Schimmlige darf man nicht essen.

ÜBUNG 12 S. 11
1. blauen / roten; **2.** Blauen; **3.** alte / neue; **4.** Alte; **5.** kleinen / großen

ÜBUNG 13 S. 11
1. Das Dazwischenrufen im Unterricht ...
2. Das Drängeln beim Pausenverkauf ...
3. Das Betreten der Turnhalle ohne Lehrer ...

ÜBUNG 14 S. 12
1. des Arbeitens / ablenken; **2.** helfen; **3.** dem Schwimmen / essen; **4.** Zum Lernen; **5.** lernen; **6.** dem Säubern / mähen / helfen; **7.** vergeht / am Lesen; **8.** wandern; **9.** zum Wandern; **10.** trommeln / trainieren

ÜBUNG 15 S. 12
1. etwas Gutes; **2.** Alles Schöne; **3.** nichts Neues; **4.** viel Unwahres; **5.** wenig Günstiges; **6.** genügend Furchtbares; **7.** etwas Weißes, allerlei Einfarbiges, etwas Buntes

ÜBUNG 16 S. 14
1. manche; **2.** Einzige; **3.** Tausenden (tausenden) / zwei Drittel; **4.** Sechs Achtel / drei Viertel; **5.** Eins; **6.** fünf; **7.** wenige; **8.** anderen; **9.** viele; **10.** beide; **11.** Sechs; **12.** Erste

ÜBUNG 17 S. 14
morgens ...; jeden **M**orgen ...; Jeden **M**ontag ...; **D**ienstags und **m**ittwochs ...; **m**ittags ...; Heute **M**ittag ...; **n**achmittags ...; **a**bends

LÖSUNGEN

Übung 18 S. 15
1. Heute Abend; **2.** abends; **3.** Eines Tages; **4.** Der Abend

Übung 19 S. 15
Unser neues Haustier
Gestern haben wir ein neues Haustier bekommen: einen Papagei. Meine Schwester und ich haben uns schon lange ein Tier gewünscht, aber unsere Eltern sagten immer: „Ihr seid noch zu jung für ein Haustier. Ihr könnt ja noch nicht einmal euch selbst versorgen!“ Doch nun ist es endlich so weit: Anscheinend sind wir alt genug, um uns um uns selbst und um ein Tier zu kümmern. Gestern Abend sind wir in die Tierhandlung gefahren und haben unseren Papagei unter Dutzenden / dutzenden ausgesucht. Ich wusste überhaupt nicht, dass es so viele verschiedene Papageien gibt. Doch unserer war einer der wenigen, die lebhaft in dem großen Käfig herumgeflogen sind, sodass wir ihn sofort ins Herz geschlossen haben. Wir haben ihn mit nach Hause genommen und ihn sofort getauft: Er heißt Alfred. Mein Vater meint, Alfred sei kein Name für ein Tier, aber ich finde: „Alfred“ ist spitzenklasse.

Übung 20 S. 15
1. großgeschrieben; **2.** viel, wenig, ein, andere, manche, jede, beide, einige

2 Die Dehnung und die Schärfung

Übung 1 S. 19
1. Seele / Saale; **2.** Staat; **3.** Zoo; **4.** Schnee; **5.** doof; **6.** Haare / Heere; **7.** Moos; **8.** leer; **9.** Beet / Boot; **10.** Paar

Übung 2 S. 19
2. das Härchen; **3.** das Bötchen; **4.** das Pärchen

Übung 3 S. 19
1. Wiese; **2.** Ihr; **3.** gießen; **4.** Sieb; **5.** wiehern; **6.** lieh; **7.** friert; **8.** dies
Lösungssatz: Die Biene fliegt.

Übung 4 S. 19
1. früh; **2.** erzählen; **3.** Zahnpastatube

Übung 5 S. 20
Lösungsvorschlag:
Seit ich vermehrt in der Erde wühle, wachsen mir schon die Bohnen aus den Ohren.

Übung 6 S. 20
spielen; Bier; Boot; Biene

Übung 7 S. 20
1. uriges; **2.** Urheber; **3.** Wanduhr; **4.** Urabstimmung; **5.** Uhrkette

Übung 8 S. 22
Senkrecht: 1. Krokodil; **2.** Kino; **3.** Detektiv; **4.** Mandarine; **5.** Lawine; **6.** Maschine; **7.** Medizin
Waagrecht: 4. Motiv; **5.** Lokomotive; **8.** Kamin; **9.** Bikini; **10.** Bibel

Übung 9 S. 22
1. Rosine; **2.** Violine; **3.** Margarine; **4.** Ruine

Übung 10 S. 23
1. Schwan; **2.** Strahl; **3.** Verkehr; **4.** Ton; **5.** Schuhe; **6.** Brühe; **7.** Rahmen; **8.** Fohlen; **9.** Schale; **10.** leise; **11.** Leute; **12.** gewöhnlich; **13.** Sohle / Sole; **14.** Schleuse; **15.** Quere; **16.** Träne

Übung 11 S. 23
Ur- / ur-: Ursprung, Urchristen, uralt, Urzeit
-tum: Christentum, Altertum
-sal: Mühsal, Schicksal, Rinnsal
-bar: fahrbar, wunderbar, fruchtbar, ehrbar, furchtbar, genießbar
-sam: mühsam, wundersam, seltsam, langsam, furchtsam

Übung 12 S. 23
1. Wiederholungen; **2.** widerrufe; **3.** Widerstand; **4.** Wiederkäuer; **5.** widersetze

Übung 13 S. 24

W	A	L	C	L	**W**	A	G	E	N	N
L	L	Ä	Ö	P	K	**W**	G	G	X	**L**
B	I	P	P	Y	M	A	**B**	W	H	I
O	H	D	V	D	Q	A	U	O	K	E
O	A	**M**	N	L	U	G	W	W	T	D
T	P	A	D	T	Y	E	U	L	I	E
E	B	L	T	**S**	U	N	H	Q	L	X
S	S	S	Q	T	M	A	P	H	K	C
T	J	Ö	C	I	**M**	N	A	N	R	G
I	R	K	W	E	T	**W**	G	Ä	X	S
L	N	F	A	L	Q	A	V	I	B	H

Übung 14 S. 24
2. Boote – Bote; **3.** Stiel – Stil; **4.** Mahl – Mal; **5.** Lied – Lid; **6.** Wal – Wahl

ÜBUNG 15 S. 24
1. Wal; **2.** Wahl; **3.** Lied; **4.** Lid; **5.** Boote; **6.** Bote

ÜBUNG 16 S. 26
1. Schlittschuhe; **2.** Hütte; **3.** Tannenbaum; **4.** Prinzessin; **5.** Ritter; **6.** Baumstamm

ÜBUNG 17 S. 26
Lösungsvorschlag:
1. herzig, herzen, das Herzleiden, die Herzensangelegenheit; **2.** sumpfig, versumpfen, das Sumpfgebiet; **3.** die Melkkuh, das Handmelken, der Melkschemel; **4.** geizen, der Geizhals, der Geizige, der Geiz

ÜBUNG 18 S. 26
1. der Wecker; **2.** der Witz; **3.** der Satz; **4.** die Decke; **5.** der Schreck; **6.** der Schatz; **7.** die Ritze; **8.** necken; **9.** motzen; **10.** der Rock

ÜBUNG 19 S. 26
Lösungsvorschlag:
1. Die Hütte und der Tannenbaum machen Witze über den Baumstamm. **2.** Die Prinzessin melkt in ihrem schönen Rock eine Kuh. **3.** Der Wecker weckt den geizigen Ritter.

ÜBUNG 20 S. 27
das Abfalllager; die Anschlussstelle; die Balletttruppe; die Schifffahrt; der Fetttropfen; die Sauerstoffflasche; stickstofffrei; das Fußballländerspiel der Haselnussstrauch; der Schlosssee *(Alle auch mit Bindestrich möglich.)*

ÜBUNG 21 S. 27
1. Zimt; **2.** Gewitter; **3.** Banane; **4.** Kamel; **5.** Bande; **6.** Birke; **7.** Tatze; **8.** schwatzen; **9.** Paket

ÜBUNG 22 S. 27
1. Brokkoli; **2.** Trekking; **3.** Marokko; **4.** Akkordeon

3 Die s-Laute

ÜBUNG 1 S. 31
Lösungsvorschlag:
1. besser, Esser, Fässer; **2.** muss, Stuss, Kuss; **3.** Rose, Dose, Lose; **4.** grässlich, lässlich, vergesslich

ÜBUNG 2 S. 31
1. Gras; **2.** Kreis; **3.** Kürbis; **4.** Rose; **5.** Los; **6.** Bluse

ÜBUNG 3 S. 31
der Schuss, schießen, er schießt;
der Fraß, fressen, er frisst;
das Maß, messen, er misst;
der Guss, gießen, er gießt;
der Biss, beißen, er beißt;
der Fluss, fließen, es fließt;
der Verdruss, verdrießen, es verdrießt;
das Schloss, schließen, es schließt

ÜBUNG 4 S. 32
das Erfordernis – die Erfordernisse; die Erschwernis – die Erschwernisse; das Erzeugnis – die Erzeugnisse; das Hindernis – die Hindernisse; das Verhältnis – die Verhältnisse

ÜBUNG 5 S. 32
1. Das süße Sauerkrautfass hat großen Spaß. **2.** Peters Vase ist böse mit den Rosen von der Wiese. **3.** Das Niesen kommt aus der Nase wie das Wasser aus der Gießkanne. **4.** Schließlich gibt es Klöße für den heißen Hasen. **5.** Meine Ferse ist fransig wie ein Pinsel.

ÜBUNG 6 S. 32
1. Rasen; **2.** Masse; **3.** Buße; **4.** Wissen; **5.** Maße; **6.** Busse; **7.** Rassen; **8.** Wiesen

ÜBUNG 7 S. 34
Lösungsvorschlag:
1. Ich hoffe, dass es ein heißer Sommer wird. **2.** Ich befürchte, dass ich mir eine Erkältung zugezogen habe. **3.** Ich denke, dass ich die Rechtschreibung gut verstehe. **4.** Ich befürworte, dass das Jugendzentrum gebaut wird.

ÜBUNG 8 S. 34
1. Das Bild, <u>das</u> ich mir gestern gekauft habe, hänge ich über die Couch. **2.** Das Buch, <u>das</u> mein Lehrer empfohlen hat, ist spannend.
3. Das Elefantenbaby, <u>das</u> erst vor wenigen Tagen geboren wurde, ist noch ganz klein.
4. Das Heft, <u>das</u> ich erst letzte Woche gekauft habe, ist bereits voll.

ÜBUNG 9 S. 34
1. R; **2.** D; **3.** R; **4.** A; **5.** A

ÜBUNG 10 S. 35
2. Dieses Nest, welches vom Baum gefallen ist, ist unversehrt. **3.** Dieses Lampenfieber macht mich noch ganz krank. **4.** Jenes / Dieses Messer, welches ich benutzt habe, ist sehr scharf.

ÜBUNG 11 S. 35
1. dass; **2.** Das; **3.** das; **4.** Das; **5.** dass; **6.** Das; **7.** das; **8.** dass; **9.** das; **10.** Das; **11.** dass; **12.** Das; **13.** das
Lösung: „Also lautet ein Beschluss, dass der Mensch was lernen muss."

4 Gleich und ähnlich klingende Laute und Wörter

ÜBUNG 1 S. 39
2. warm; **3.** die Faust; **4.** verkaufen; **5.** schaden; **6.** rauben; **7.** der Bauer; **8.** die Zahl; **9.** blass; **10.** Grauen

ÜBUNG 2 S. 39
1. Waise; **2.** Hai; **3.** Laie; **4.** Mais; **5.** Kaiser; **6.** Mai; **7.** Laib; **8.** Thailand; **9.** Saite; **10.** Laich

ÜBUNG 3 S. 40
gesprochen wie *f*: brav, davon, Larve, Vater, Veilchen, viele, Vogel
gesprochen wie *w*: Advent, nervös, Revolver, Vampir, Ventil, Verb, Villa

ÜBUNG 4 S. 40
1. die Phase; **2.** der Pharao; **3.** die Philippinen; **4.** das Alphabet; **5.** die Amphibie; **6.** der Asphalt; **7.** der Philosoph; **8.** die Katastrophe; **9.** das Phantom; **10.** das Phänomen

ÜBUNG 5 S. 41
2. Katastrophe; **3.** Philosoph; **4.** Amphibie; **5.** Pharao

ÜBUNG 6 S. 41
2. der Trab – traben; **3.** das Volk – die Völker; **4.** hart – härter; **5.** die Optik – der Optiker; **6.** der Schlag – schlagen

ÜBUNG 7 S. 41
1. Wer lebt von der Hand in den Mund? – Der Zahnarzt.
2. Wer hört alles und sagt nichts? – Das Ohr.
3. Was ist schwerer? Ein Kilo Federn oder ein Kilo Blei? – Beides ist gleich schwer.
4. Wie viele Erbsen passen in ein leeres Glas? – Nur eine, dann ist das Glas nicht mehr leer.
5. Was ist beim Elefanten klein und beim Floh groß? – Das *f*.

ÜBUNG 8 S. 41
2. kindisch: der kindische Freund;
3. heimlich: das heimliche Treffen;
4. winzig: der winzige Zwerg;
5. weinerlich: das weinerliche Baby

ÜBUNG 9 S. 42
1. friedlich; **2.** herzlich / herzig; **3.** badisch; **4.** hässlich; **5.** großartig; **6.** fürstlich; **7.** griechisch; **8.** kleinlich; **9.** haarig; **10.** prächtig

ÜBUNG 10 S. 42
Senkrecht: 1. Eidechse; **2.** Ochse; **3.** Knicks; **4.** werktags; **5.** Koks; **7.** Fuchs
Waagrecht: 3. Klacks; **6.** Keks; **8.** Dachs; **9.** sonntags

ÜBUNG 11 S. 44
der Endpunkt, das Endspiel, die Endrunde, die Endfassung, das Endprodukt, der Endspurt, die Endziffer

ÜBUNG 12 S. 44
entlassen – die Entlassung; entfernen – die Entfernung; entdecken – die Entdeckung; entehren – die Entehrung; entfalten – die Entfaltung; enteignen – Enteignung

ÜBUNG 13 S. 44
2. der Korrespondent – die Korrespondenten;
3. entzückend – das entzückende Kind;
4. der Informant – die Informanten

ÜBUNG 14 S. 45
Mein Opa erzählt mir nie eine Geschichte, die **wahr** ist. Gestern **war** er wieder einmal bei uns. Ich sagte zu ihm: „Opa, wie **war** das, als du jung **warst?** Erzähle mir eine Geschichte, aber sag mir die **Wahrheit!**"
Da fing er an: „Als ich jung **war,** da **war** ich ein berühmter Pirat. **Wahrscheinlich war** ich sogar ... Ich **war** der Anführer ... und wir **waren wahrhaftig** ... wir **waren** wie Robin Hood ... Ja, das **waren** aufregende Zeiten. ... Ob er mir die **Wahrheit** sagte? Ich **war** mir nicht sicher ...

ÜBUNG 15 S. 45
Lösungsvorschlag:
Seit ich das Vortragen von Referaten übe, melde ich mich in der Schule viel häufiger.
Seit ich regelmäßig renne, habe ich eine bessere Kondition.

Seit ich täglich lerne, schreibe ich in der Schule bessere Noten.

ÜBUNG 16 **S. 45**
1. seit; **2.** Seit; **3.** seid

5 Die Getrennt- und Zusammenschreibung

ÜBUNG 1 **S. 49**
1. getrennt; **2.** getrennt; **3.** zusammen; **4.** zusammen; **5.** zusammen / getrennt; **6.** zusammen; **7.** getrennt; **8.** zusammen; **9.** getrennt

ÜBUNG 2 **S. 49**
1. Wir werden das Gemüse tiefgefrieren.
2. Sie langweilen sich. **3.** Wir überqueren vorsichtig die Straße. **4.** Sie wetteifern, wer die Schönste ist. **5.** Das Gerät ist gut zu handhaben.
6. Wir schlussfolgern, dass die Investition unnötig ist. **7.** Sie durchqueren den Fluss.
8. Hoffentlich wird er heute Nacht nicht wieder schlafwandeln.

ÜBUNG 3 **S. 50**
Lösungsvorschlag:
2. Der Schlüsseldienst wird sicher bald unsere Wohnung aufschließen. / Schließt der Schlüsseldienst unsere Wohnung auf?
3. Wollt ihr hierbleiben? / Ihr bleibt hier, denken wir.

ÜBUNG 4 **S. 50**
Lösungsvorschlag:
stehen bleiben: Das Geschirr müsst ihr nicht aufräumen, es kann stehen bleiben.
liegen lassen: Ihr könnt hier alles liegen lassen, es wird sicher nichts geklaut werden.
schwimmen üben: Ich muss vor dem Sommer unbedingt schwimmen üben.
wandern gehen: Können wir in den nächsten Ferien wandern gehen?
schreiben können: Mein kleiner Sohn will unbedingt schreiben können.

ÜBUNG 5 **S. 51**
1. festbinden; **2.** wahrsagen; **3.** freisprechen; **4.** liebkosen; **5.** besserstellen

ÜBUNG 6 **S. 51**
1. Das Radfahren strengt mich an. **2.** Ich würde gerne einmal frisches Brot backen. **3.** Wie können wir das Problem in Zukunft handhaben?
4. Ich lasse mich nicht gerne irreführen. **5.** Am liebsten mag ich das Schlittenfahren im Winter.

ÜBUNG 7 **S. 53**
Haus + hoch = haushoch; Gras + grün = grasgrün; Kind + leicht = kinderleicht; Blitz + schnell = blitzschnell; Lupe + rein = lupenrein; Sonne + klar = sonnenklar

ÜBUNG 8 **S. 53**
2. anhand; **3.** anstelle / an Stelle; **4.** infolge;
5. aufgrund / auf Grund; **6.** mithilfe / mit Hilfe;
7. zugunsten / zu Gunsten

ÜBUNG 9 **S. 53**
1. anstelle / an Stelle; **2.** aufgrund / auf Grund;
3. mithilfe / mit Hilfe

ÜBUNG 10 **S. 54**

Q	K	S	O	A	K	X	T	K	D	B	M	E	L	J	R	K	M	C	R	H	O	V	A
U	M	T	B	D	W	K	P	Ä	F	U	W	M	G	R	L	K	W	F	A	H	R	E	R
J	S	Ö	F	A	N	A	D	U	R	B	M	T	U	T	P	I	I	X	3	M	A	L	Ö
M	K	R	P	U	H	Y	H	P	T	E	T	P	S	J	W	R	Y	O	N	L	L	G	S
J	U	V	P	H	A	N	D	B	A	L	L	E	M	N	O	R	H	Y	Z	W	A	G	E
F	R	I	E	D	R	I	C	H	S	C	H	I	L	L	E	R	D	E	N	K	M	A	L
H	V	A	L	B	E	R	T	S	C	H	W	E	I	T	Z	E	R	S	C	H	U	L	E
Ä	E	C	C	E	N	T	V	Z	E	I	T	S	C	H	R	I	F	T	Q	F	F	G	C
Z	S	M	A	X	I	M	I	L	I	A	N	K	O	L	B	E	S	T	R	A	S	S	E
T	J	R	Z	A	K	F	Z	B	E	H	Ö	R	D	E	P	2	Z	E	I	L	I	G	Z
M	O	N	A	T	L	I	C	H	D	W	Y	B	Q	P	K	Ö	E	Y	P	Z	K	M	Q
Ä	F	X	M	D	H	D	Q	Ä	T	R	Ö	J	N	P	K	S	F	S	Ö	T	U	X	Q

Friedrich-Schiller-Denkmal; Maximilian-Kolbe-Straße; Albert-Schweitzer-Schule; TV-Zeitschrift; Handball-EM; Kfz-Behörde; Lkw-Fahrer; i-Punkt; S-Kurve; 2-zeilig; S-Bahn; A-Dur; 3-mal

ÜBUNG 11 **S. 55**
1. Die Läufer starten zeitversetzt.
2. Die Lage ist besorgniserregend / Besorgnis erregend. **3.** Diese Erneuerung ist bahnbrechend. **4.** Der Hund jault herzerweichend.
5. Diese Lampe ist energiesparend / Energie sparend.

ÜBUNG 12 **S. 55**
1. Wortgruppe; **2.** Substantiv; **3.** Verb

ÜBUNG 13 S. 55

Ich habe letzte Woche einen ganz interessanten Menschen kennengelernt / kennen gelernt. Er erzählte mir, sein Vater sei taubstumm gewesen, sodass sie nur mithilfe / mit Hilfe der Gebärdensprache zueinander sprechen konnten. Schon mit drei Jahren habe er die allerwichtigsten Gebärden einsetzen können. Nach einiger Übung hätten sein Vater und er sich sehr gut verständigen können. Auch seine beiden Geschwister hätten auf diese Art sprechen lernen müssen. Ihm selbst hätten die Übungen so viel Freude gemacht, dass er auch versucht habe, rückwärts zu sprechen. Aber dabei sei nicht viel herausgekommen.

6 Zeichensetzung und wörtliche Rede

ÜBUNG 1 S. 60

... ich hatte als Arzt nicht viel zu tun. ... in einen fürchterlichen Sturm. Welch ein Unwetter zog über uns her! ... und versank. Was sollte jetzt aus mir werden? ... durch die dunkle Nacht. ... unter meinen Füßen! Wo war ich? ... und betrat festen Boden. ... menschlichen Lebens. Nun, fürs Erste war ich gerettet! Beruhigt schlief ich ein.
... in der warmen Sonne räkeln. Doch was war das? Ich konnte mich nicht bewegen! Jetzt wollte ich mich aufsetzen. Es misslang! Noch nicht einmal den Kopf konnte ich bewegen! Was war in der Nacht geschehen?
... aus seiner seltsamen Starre zu befreien.
... herunterschauen konnte. Ich war von Kopf bis Fuß gefesselt! Doch wer hatte dieses Kunststück vollbracht?

ÜBUNG 2 S. 60

2. Wann kommst du?
3. Wer ist das / der Mann dort?
4. Schläfst du schon?

ÜBUNG 3 S. 61

2. Deutsch, Englisch und Mathematik
3. Apfelsaft, Kirschsaft und Orangensaft sowie heiße Milch mit Schokolade
4. klettern, springen und essen Bananen
5. musizieren, singen und Gedichte vortragen wie auch Geschenke auspacken
6. einen Bastelkurs buchen, einen Bauernhof besuchen oder wandern gehen

ÜBUNG 4 S. 61

Lösungsvorschlag:
1. rutschen, schwimmen und Pommes essen.
2. Krimis, Romanen und / oder Comics. **3.** Schokoladeneis, Erdbeereis und / sowie Vanilleeis

ÜBUNG 5 S. 62

1. Gib mir bitte das kleine rote Heft, nicht das große rote Heft.
2. Wir hätten gerne rote, blaue und gelbe Heftumschläge, nicht grüne und weiße.
3. Wir nehmen besser den neuen großen Schlitten mit, nicht den alten großen Schlitten.
4. Ich entscheide mich für den jungen holländischen Käse. Dieser schmeckt sicher besser als der alte holländische Käse.

ÜBUNG 6 S. 62

Peter will eine CD hören, aber sein CD-Player ist kaputt. Er ärgert sich darüber, zumal der CD-Player gestern noch funktionierte. Sicher hat sein Bruder den CD-Player kaputt gemacht, weil dieser heute sehr freundlich zu ihm war. Peter ruft so laut nach ihm, dass seine Mutter sich die Ohren zuhält.

ÜBUNG 7 S. 63

Lösungsvorschlag:
1. Das Wetter gefällt mir**, weil** die Sonne schön scheint. **2.** Ich verlasse das Haus**, sobald** der Handwerker gekommen ist. **3.** Ich denke**, dass** es morgen regnen wird. **4.** Heute esse ich keine Süßigkeiten**, obwohl** mir das sicher schwerfällt. **5.** Ich stehe morgens früh auf**, wenn** ich in die Schule muss.

ÜBUNG 8 S. 63

1. weil / da; **2.** da / weil; **3.** obwohl; **4.** damit

ÜBUNG 9 S. 64

2. Da / Weil ich noch keine Zeit für die Gartenarbeit hatte, wuchert in unserem Garten das Unkraut. – In unserem Garten wuchert, da / weil ich noch keine Zeit für die Gartenarbeit hatte, das Unkraut. **3.** Obwohl es nicht meine Lieblingsblumen sind, gefallen mir die Blumen. – Die Blumen, obwohl es nicht meine Lieblingsblumen sind, gefallen mir. **4.** Damit du dich ausruhen kannst, habe ich ... geputzt. – Ich habe, damit du dich ausruhen kannst, heute ... geputzt.

ÜBUNG 10 S. 64
1. der; **2.** der; **3.** das; **4.** die

ÜBUNG 11 S. 65
1. ... Lesenacht, ich freue mich ...
2. ... mitbringen(,) und wir stellen ...
3. ... „Emil und die Detektive", aber ...
4. ... kindisch, ich will ...

ÜBUNG 12 S. 65
2. Infinitivgruppe hängt von Substantiv ab.
3. Infinitivgruppe wird durch ein hinweisendes Wort *(dafür)* angekündigt.
4. Infinitivgruppe wird durch ein rückweisendes Wort *(das)* wieder aufgenommen.

ÜBUNG 13 S. 67
1. „Puh, ist das warm hier!", stöhnte Harald.
2. „Ich denke", begann er, „dass wir diesen Plan fortführen sollten." **3.** Die Mutter fragte: „Ist das alles oder brauchst du sonst noch etwas?"
4. Erstaunt stellte sie fest: „Ihr habt euch ja richtig Mühe gegeben!" **5.** „Was soll das?", fragte die Oma empört. „Sind wir etwa bei den Hottentotten?"

ÜBUNG 14 S. 67
1. „Leider können wir ... nicht gehen", begann die Mutter zögernd.
2. „Ihr zwei kommt mit mir", sagte der Rektor. – „Ihr zwei", sagte der Rektor, „kommt mit mir."
3. Oma zeigte nach oben und fragte: „Seht ihr die Sterne am Himmel?" – „Seht ihr", fragte Oma und zeigte nach oben, „die Sterne am Himmel?"
4. „Ich behaupte, dass das keine gute Idee ist!", plusterte sich Rolf auf. – „Ich behaupte", plusterte sich Rolf auf, „dass das keine gute Idee ist."
5. Die Mutter stellte besorgt fest: „Ich finde, dass du traurig aussiehst." – „Ich finde", stellte die Mutter besorgt fest, „dass du traurig aussiehst."

ÜBUNG 15 S. 68
Helenchen wächst und wird gescheit
und trägt bereits ein langes Kleid.
„Na, Lene! Hast du's schon vernommen?
Der Vetter Franz ist angekommen."
So sprach die Tante früh um achte,
indem sie grade Kaffee machte.
„Und hörst du, sei fein hübsch manierlich
und zeige dich nicht ungebührlich."
„Ei!", denkt Helene, „Schläft er noch?"
Und schaut auch schon durchs Schlüsselloch.
Der Franz, ermüdet von der Reise,
liegt tief versteckt im Bettgehäuse.
„Ah, ja ja jam!", so gähnt er eben.
„Es wird wohl Zeit, sich zu erheben."

ÜBUNG 16 S. 68
1. „Harry Potter"; **2.** „Abgemacht ist abgemacht!"; **3.** „Die Weiber von Weinsberg";
4. „Irren ist menschlich"

ÜBUNG 17 S. 69
1. Erstaunt fragte Miriam: **„**Wo ist ... geblieben**?"**
2. **„**Komm sofort her zu mir**!",** befahl der Lehrer den kleinen Hans. **3. „**Ich bin der Meinung**",** begann Vater langsam, **„**dass wir ... keinen Urlaub machen sollten.**"** **4. „**Ich war das nicht**!",** verteidigte sich Robin sofort. **5.** Lisa ... flüsterte**:** **„**Das darf ich ... nicht sagen.**"**

ÜBUNG 18 S. 69
1. Peter erklärte**: „**Das kann ich leider nicht tun.**"** Peter erklärte**,** dass er das leider nicht tun könne. **2.** Oma sagt**: „**Heute muss ich zum Augenarzt.**"** Oma sagt**,** dass sie heute zum Augenarzt müsse. **3.** Der Lehrer fragt**: „**Wer kann mir die Frage beantworten**?"** Der Lehrer fragt**,** wer ihm die Frage beantworten könne.

7 Fremdwörter und Silbentrennung

ÜBUNG 1 S. 73
1. Spaßmacher, besonders im Zirkus: Clown
2. zwei mit Wurst, Ei, Käse usw. belegte Scheiben Weißbrot: Sandwich
3. geländegängiges Fahrzeug mit Allradantrieb: Jeep

ÜBUNG 2 S. 73
2. der Hotdog / Hot Dog; **3.** die City; **4.** der Cowboy; **5.** der Joystick; **6.** der Champion; **7.** das Highlight; **8.** der Podcast; **9.** der Breakdance; **10.** der / das Download; **11.** der Jetlag

ÜBUNG 3 S. 74
1. chillen, die Party, die Jeans;
2. das Team, das Training, das Mountainbike, das Foul, die Fairness, das Bodybuilding; **3.** das Design, der Computer, der / das Download

Übung 4 S. 74
1. Mousse; **2.** Boutique; **3.** Tour; **4.** Tourist; **5.** Boule; **6.** Jalousie; **7.** Parcours; **8.** Boulevard

Übung 5 S. 75
Routine – viel Erfahrung beim Ausüben einer Tätigkeit; Balance – Gleichgewicht; Accessoire – modisches Zubehör zur Kleidung; Roulade – gerolltes Fleisch mit Speck und Zwiebeln; Abonnement – regelmäßiger Bezug von Zeitungen; Etage – Stockwerk

Übung 6 S. 75
1. Baguette; **2.** Croissant; **3.** Jongleur; **4.** Pinzette; **5.** Limousine; **6.** Champignon

Übung 7 S. 75
1. Restaurant; **2.** Auberginen, Zucchini, Ratatouille; **3.** Annonce

Übung 8 S. 77
2. ren-nen; **3.** sin-gen; **4.** tan-zen; **5.** auf-ste-hen; **6.** aus-stei-gen

Übung 9 S. 77
2. der Bücherschrank; **3.** die Tischlampe; **4.** der Wintergarten; **5.** das Schlittenfahren; **6.** das Zuckergebäck; **7.** die Philosophie; **8.** die Fußballschuhe; **9.** das Theaterstück; **10.** der Dienstagvormittag

Übung 10 S. 78
2. ra-scheln; **3.** Zu-cker; **4.** be-rich-ti-gen; **5.** Fens-ter; **6.** Bio-müll; **7.** Rech-ner; **8.** Bau-er; **9.** Heim-weg; **10.** Pro-gramm

Übung 11 S. 78
1. Gardine; **2.** Propeller; **3.** Saxofon; **4.** Griechenland; **5.** Luftschlösser; **6.** prominent; **7.** Biologe; **8.** Orangensaft

Übung 12 S. 78
2. die Mülltonne; **3.** der Glücksbringer; **4.** der Nikolaus; **5.** die Schultasche; **6.** das Erdbeben; **7.** das Hamsterrad; **8.** die Tischdecke; **9.** das Taschengeld; **10.** der Entdecker

Übung 13 S. 79
2. geizig: gei-zig; **3.** blumig: blu-mig; **4.** traurig: trau-rig; **5.** italienisch: ita-li-e-nisch; **6.** wählerisch: wäh-le-risch; **7.** verräterisch: ver-rä-te-risch; **8.** modisch: mo-disch

Übung 14 S. 79
1. Ur-instinkt; **2.** ab-erkennen; **3.** An-alphabet; **4.** vor-bauen

Übung 15 S. 79
Das Reb|huhn und die Hüh|ner (nach Äsop)
Ein Hüh|ner|freund kauf|te ein Reb|huhn, um es in sei|nem Hof mit sei|nem an|de|ren Ge|flü|gel lau|fen zu las|sen. Doch die Hüh|ner bis|sen das Reb|huhn und trie|ben es im|mer von der Nah|rung weg. Das tat dem Tier sehr weh.
Das Reb|huhn glaub|te, die|se Be|hand|lung ge|schä|he ihm recht, weil es ein frem|des Tier sei. Be|trübt zog es sich in ei|ne Ecke zu|rück.
Bald aber sah das Reb|huhn, dass sich die Hüh|ner un|ter|ei|nan|der ge|nau|so bis|sen.
Dies trös|te|te das Reb|huhn und es sprach zu sich: „Wenn die|se schlech|ten Tie|re Feind|se|lig|kei|ten so|gar ge|gen sich selbst aus|üben, dann wer|de ich wohl ei|ne sol|che Be|hand|lung gleich|gül|tig er|tra|gen kön|nen."
Mer|ke: Geiz und Miss|gunst sind die größ|ten Fein|de des Frie|dens.

Abschlusstest

Aufgabe 1 S. 81
1. Ich kann es nicht glauben: Du bist wirklich hier!
2. Das Geheimnis meines Reichtums ist harte Arbeit.
3. Eine Spezialität aus Baden-Württemberg ist der Schwarzwälder Schinken.

Aufgabe 2 S. 81
Jeden **M**orgen ... **a**bends ... am **A**bend ... bis **n**achts ... **m**orgens ... bis zum **V**ormittag

Aufgabe 3 S. 81
1. die Ziege; **2.** ziehen; **3.** der Tiger; **4.** die Wiese; **5.** das Vieh; **6.** das Krokodil; **7.** das Wiesel; **8.** er sieht; **9.** der Biber; **10.** die Liege; **11.** es geschieht; **12.** das Benzin

Aufgabe 4 S. 81
1. Trommel; **2.** Schatz; **3.** Blume; **4.** Kanne; **5.** Henkel; **6.** Kerze; **7.** Lumpen; **8.** Karamell; **9.** Pfarrer

Aufgabe 5 S. 82
1. Uhrzeiger, Uhr; **2.** Ursprung; **3.** Uraufführung; **4.** Uhrzeit

AUFGABE 6 S. 82
1. Das Rot, das Grün; **2.** rote Shirts, grüne; **3.** das Einschlafen / im Dunkeln

AUFGABE 7 S. 82
1. zwei Kürbisse; **2.** gießen; **3.** die Ferse; **4.** das Vermächtnis; **5.** hässlich; **6.** der Schuss

AUFGABE 8 S. 82
1. Masse; **2.** Maße; **3.** Rassen; **4.** Rasen

AUFGABE 9 S. 82
1. dass; **2.** Das / das; **3.** Dass

AUFGABE 10 S. 83
1. Wir könnten baden gehen oder Tennis spielen.
2. Bald wird die Sonne aufgehen.
3. Wir werden dennoch an dem Wettbewerb teilnehmen, das ganze Sichstreiten bringt doch nichts!
4. Irgendjemand wird infolge des bitterkalten Wetters eine Erkältung bekommen.

AUFGABE 11 S. 83
1. 18-jährig; **2.** 2-zeilig; **3.** die 90er; **4.** x-beliebig; **5.** das Johann-Sebastian-Bach-Denkmal

AUFGABE 12 S. 83
1. Läuse; **2.** Leute; **3.** ständig; **4.** stets; **5.** läuten; **6.** Messe; **7.** Meute; **8.** lästig

AUFGABE 13 S. 83
1. die Philosophie; **2.** die Larve; **3.** pfeifen; **4.** der Flur; **5.** das Alphabet; **6.** reservieren

AUFGABE 14 S. 83
1. der Fuchs; **2.** die Hexe; **3.** das Fax; **4.** mittags; **5.** der Klecks

AUFGABE 15 S. 84
1. Seit; **2.** Seid; **3.** seit

AUFGABE 16 S. 84
Richtig: 1. endgültig; **2.** der Endpreis; **3.** brennend; **4.** es brennt; **5.** der Praktikant; **6.** der Konfirmand

AUFGABE 17 S. 84
Die Familie entschließt sich am Sonntag(,) in den Biergarten im Stadtwald zu gehen. Die Oma sagt zufrieden: „Es ist wunderschön hier im Wald!**"** **„**Außerdem können wir gleich noch auf den Abenteuerspielplatz gehen**"**, ruft auch Jana ganz begeistert. **„**Und deine Pommes kannst du hier auch bestellen**"**, fügt der Vater hinzu. Die Mutter hält jedoch unmissverständlich fest: „Mit den Fingern wird hier in der Öffentlichkeit aber nicht gegessen!**"** **„**Jana bekommt ihren Willen, und ich gucke in die Röhre**"**, reagiert Moritz sauer und er fordert: „Dann möchte ich aber ein großes Glas Cola.**"** Der Vater lehnt sich zufrieden zurück: „Ich esse eine Bockwurst mit Kartoffelsalat, wie bei einem Picknick.**"** **„**Kinder**"**, verkündet die Oma, **„**ich lade euch hinterher noch zu einem Eis ein.**"** **„**Willst du uns damit bestechen?**"**, fragt Moritz direkt. **„**Und das nur, damit wir morgen deine Erbsensuppe essen?**"**, ruft Jana.

AUFGABE 18 S. 84
1. Morgen werde ich in die Stadt fahren**,** um meine Einkäufe zu erledigen.
2. Wir sind dazu übergegangen**,** an Weihnachten in Urlaub zu fahren.
3. Die Ehre**,** an dem Wettbewerb teilzunehmen**,** weiß ich zu schätzen.

AUFGABE 19 S. 85
1. Ich freue mich auf morgen, <u>weil morgen die Ferien beginnen</u>.
2. Leider können wir nicht wegfahren, <u>da mein Vater keinen Urlaub bekommt.</u>
3. Doch wir können uns auch zu Hause eine schöne Zeit machen, <u>zumal der Wetterbericht gutes Wetter angesagt hat.</u>

AUFGABE 20 S. 85
1. Die Zeitschrift**, die** ich abonniert habe, ist sehr interessant.
2. Da kann das Buch**, das** ich momentan lese, nicht mehr mithalten.
3. Doch die Bücherei**, die** ich regelmäßig besuche, hat nichts dagegen, das Buch zu verlängern.

AUFGABE 21 S. 85
1. Cowboys; **2.** Highlight; **3.** Accessoire; **4.** Champignons

AUFGABE 22 S. 85
1. Com|pu|ter|tisch; **2.** Über|see; **3.** The|a|ter; **4.** ver|tre|ten; **5.** ver|trau|lich; **6.** me|ckern; **7.** Ge|heim|hal|tung; **8.** Don|ners|tag; **9.** Ku|chen; **10.** Po|e|tik; **11.** Bil|der|rah|men; **12.** Bü|che|rei

LÖSUNGEN

Stichwortfinder